小学语文学习任务群
课例设计丛书

文学阅读
与 创意表达

总主编

吴忠豪 薛法根

主编

何夏寿

上海教育出版社
SHANGHAI EDUCATIONAL
PUBLISHING HOUSE

编 委 名 单

前　言

　　这套读物是依据现行统编小学语文教材，按照《义务教育语文课程标准（2022 年版）》（以下简称"新课标"）提出的六种学习任务群设计的教学课例，旨在帮助教师在与"新课标"配套的语文教材没有出台的背景下，利用现行语文教材先行一步实施语文学习任务群。由于统编教材采用"双线组元"的方式编写，编选的课文及辅助习题聚焦单元"人文主题"和"语文要素"，与"新课标"提出的以"学习任务群"呈现语文课程内容，是两种不同的课程理念，有着很大的差异。因此，要将两种不同的课程理念统一到学习任务群的设计上，并且要尽可能使设计的学习情境任务与统编教材提供的教学资源结合得自然、有机，实在是一件要求极高、难度极大的事。对中小学语文教师而言，学习任务群是一个全新的课程与教学理念，当下又缺乏成功的实践案例支持，因此要编好这套学习任务群课例设计丛书，其难度是可想而知的。

　　为方便一线教师使用，整套丛书按照"新课标"提出的六种学习任务群编写，每个任务群对应一本书，每本包括小学任务群课例 15～23 篇。最多的《跨学科学习》有 23 篇设计课例，《整本书阅读》有 19 篇设计课例，《语言文字积累与梳理》《文学阅读与创意表达》《实用性阅读与交流》均有 16 篇设计课例，最少的《思辨性阅读与表达》有 15 篇设计课例。这些课例覆盖低、中、高三个年段，"语言文字积累与梳理"学习任务群从低年段到高年段逐步减少，"文学阅读与创意表达"从低年段到高年段逐渐增加，课例分布比较合理，符合各年段学生的语文学习规律和心理特点。

　　"新课标"指出："设计语文学习任务，要围绕特定学习主题，确定具有内在逻辑关联的语文实践活动。语文学习任务群由相互关联的系列学习任务组成，共同指向学生的核心素养发展，具有情境性、实践性、综合性。""以生活为基础，以语文实践活动为主线,以学习主题为引领,以学习任务为载体,整合学习内容、情境、方法和资源等要素,设计语文学习任务群。"这两段话简要阐述了学习任务群设计的依据、条件和主要特点。参与高中语文课程标准制定的王宁教授认为"学习任务群不是单篇文章的简单相加",她强调"真实学习情境"和"融合阅读、表达、探究的学生实践活动"是评价学习任务群设计是否成功的两个主要标志。"新课标"修订组编写的《义务教育语文课程标准(2022年版)解读》中列举的六种学习任务群20多个课例,基本是按大单元教学资源进行整体设计的,比较充分地诠释了学习任务群"情境性、实践性、综合性"的特点。这些课例是学习任务群设计的范例,有一定的权威性。

六本书中提供的课例大多依托统编教材中的单元进行整体设计。然而要将统编教材中各单元提供的教学资源转换成与"新课标"相匹配的学习任务群,并且设计出以学生学习为主线展开的语文实践活动,着实不容易。特别是"语言文字积累与梳理""整本书阅读""跨学科学习"等学习任务群的设计,很难从现行教材中寻找到合适的单元资源。为此,丛书中的课例很难做到全部依据现行教材中的单元进行设计,有些课例采用的是灵活变通的设计思路,主要有以下几种:

1. 依据单篇课文设计学习任务群。比如,《跨学科学习》六年级上册第七单元"京剧专题分享会",是依据《京剧趣谈》这篇课文设计的。核心任务是举行班级"京剧专题分享会",设计了三个子任务:一是入戏,学习《京剧趣谈》,观看京剧演出,了解京剧剧种;二是知戏,查阅资料,探究与京剧有关的一个(或几个)方面的知识,用小报、研究报告、记录等多种方式梳理自己的研究成果;三是开展"京剧大讲堂"。依据单篇课文设计学习任务群,其实是当下语文教师实施学习任务群最为流行的做法。

2. 选择单元部分课文设计学习任务群。一年级上册"我是小小采购员",选择该单元《大小多少》《小书包》两篇课文设计学习任务群。这个识字单元还有《画》《日月明》《升国旗》三篇课文。因为识字教材编写考虑的是学生识字的规律,基本不按内容主题编写课文,因此很难整合出涵盖全部课文的学习主题及情境任务。因此编者选择其中两篇课文,设计出"当小小采购员"这样一个贴近学生生活的学习任务。经过这样的变通处理,学习任务群的设计就变得相对容易。

3. 整合不同单元相同类型的课文设计学习任务群。《文学阅读与创意表达》针对五年级下册编排了一个特殊的文言文学习任务群。这个课例将统编教材三至六年级的 14 篇文言课文进行梳理分类,统整成不同主题设计学习任务群。该学习任务群围绕"洞察古代儿童的智慧"这个主题,将三年级上册《司马光》、四年级上册《王戎不取道旁李》、五年级下册《杨氏之子》和六年级下册《两小儿辩日》四篇文言文,以及四年级上册第八单元《口语交际:讲历史人物故事》等内容,统整为一个文言文学习任务群,编排在五年级第二学期。这样设计学习任务群,拓展了文言文学习资源,提高了文言文学习的有效性。其实这种学习任务群设计思路还可以运用到古诗、寓言、童话、小说等按文章体裁分类的学习任务群设计之中,可以有效提高学生的学习效率。

4. 精选教材部分习题设计学习任务群。《整本书阅读》大多结合教材中的"快乐读书吧"栏目设计学习任务群,与单元教材资源若即若离。《跨学科学习》二年级的"建立班级迷你图书馆"也是借用二年级下册第五单元《口语交际:图书借阅公约》,将其放大设计成一个跨学科学习任务群。围绕建立班级图书馆这个任务,引导学生实地参观图书馆,了解书籍摆放的秘密;给班级图书馆中的图书分类、编号;再制订班级图书借阅公约,让学生享受班级阅读时光。学习任务群紧密结合儿童生活创设情境,能有效激发学生的学习兴趣。

5. 结合生活情景设计学习任务群。依据课程标准提出的课程内容另行设计学习任务群,其实是学习任务群设计的最佳做法。比如,《跨学科学习》中的六年级学习活动:大地在心——我是低碳环保行动者。教师依据"新课标"中"跨学科学习"学习任务群建议的内容,自行寻找学习资源,组织学生综合运用语文、道德与法治、科学、数学、劳动、美术等多学科的知识和技能,开展跨学科学习活动。当然,撇开教材,教师另行设计学习任务群,意味着教师要自己选择组合学习资源,对教师的要求更高,难度更大。

以上列举的几种不完全拘泥于单元教材资源设计学习任务群的思路,或许不是"新课标"提倡的学习任务群设计的最佳方法,但却是当下语文教师实施"新课标"教学理念的新尝试。仔细分析这些课例,每个学习任务群都有具体的学习情境和学习任务,并且都是以学生实践活动为主线展开教学,体现出语文学习任务群的基本特点。特别是突破了单元教材资源的束缚,可以极大拓展教师设计学习任务群的思路,降低设计的难度。可以这样认为,在与"新课标"配套的教材正式出版之前,这样变通设计学习任务群,不失为一种简便可行的方式。

统编教材确定的人文主题和语文要素,为学习任务群设计提供了丰富的学习资源,但是依托单元学习资源设计的学习任务群,具体可以归属于六种学习任务群的哪一种,还须根据创设的情境任务和学习目标确定。由于课例设计者对每个单元的人文主题以及学习资源理解和设计的角度不同,同一单元有时可以设计出两种甚至两种以上的学习任务群,而且基本符合各种不同学习任务群的价值目标。

比如,统编教材五年级上册第三单元"民间故事"选编了《猎人海力布》《牛郎织女》两篇中国民间故事,"快乐读书吧"中还选入了《田螺姑娘》的片段,推荐了《梁山伯与祝英台》《八仙过海》及国外的民间故事。将这个单元设计成"文学阅读与创意表达"学习任务群毫无疑义,然而依据民间故事设计的学习任务群同时还出现在《思辨性阅读与表达》和《跨学科学习》两本书中。当然所设计的学习情境任务、学习目标和具体学习活动,在三个学习任务群中各不相同。

在《文学阅读与创意表达》一书中,设计的核心任务是"举行一次民间故事展演",具体的学习活动是"民间故事我来读""民间故事我来讲""民间故事我来写""民间故事我来演"。在《思辨性阅读与表达》一书中,侧重于阅读民间故事,感受其中的智慧,设计的学习任务是"探索故事里的善恶因果,再结合时代背景,借助民间故事结构创编民间故事"。在《跨学科学习》一书中,设计的核心任务是"学生自主选择自己喜欢的民间故事,采用团队合作形式,自主选择表达方式,例如皮影戏、戏剧、电影等多种形式,为周边社区幼儿进行展演,传播优秀传统文化"。

依托同一个单元的教材资源设计的三种学习任务群,其学习活动不可避免会产生交叉重合。比如,都有阅读教材中的民间故事,配合学习任务开展整本书阅读等。但三者学习目标和开展学习活动的侧重点有明显的区别。《文学阅读与创意表达》侧重于民间故事的阅读和展演;《思辨性阅读与表达》侧重于学习思维方法,提高逻辑思维能力;《跨学科学习》则以民间故事为载体,通过社区讲演传播中华优秀传统文化,侧重于不同学科的技能的综合运用。

依托同一个单元教材资源同时设计出两种学习任务群的至少还有以下这些单元——

二年级下册第五单元,借助《口语交际:图书借阅公约》这一内容设计学习任务,《思辨性阅读与表达》中的主题是"遇到问题怎么办",《跨学科学习》中的主题是"建立班级迷你图书馆"。

三年级下册第二单元(寓言单元),《文学阅读与创意表达》中的主题是"掀起'寓言'的盖头来",通过阅读和讲述寓言,重在把握寓言的文体知识,分享阅读与讲述寓言故事的快乐;《思辨性阅读与表达》中的主题是"小故事大道理",侧重从故事中读出道理,并编写、讲述寓言故事。

五年级下册第七单元,《实用性阅读与交流》中的主题是"感受异域风情,爱我大美中华",搜集整理中国的世界文化遗产资料,编写世界风光手册并举办主题展览;《跨学科学习》中的主题是"我为中国的世界文化遗产"代言,要求学生自主选择自己喜欢的世界文化遗产,采用团队合作形式,自主选择表达方式,通过书面、口头等多种形式为世界文化遗产代言。

六年级上册第八单元,《思辨性阅读与表达》中的主题是"遇见鲁迅",全方位介绍我们眼中的鲁迅先生;《跨学科学习》中的主题是举办"鲁迅印象展",并用演讲、戏剧等多种表达方式,向同学介绍自己的展品;等等。

如果能一组一组认真阅读并深入比较这些案例设计的异同,那么对不同种类学习任务群的学习目标、情境任务以及学习活动的设计,一定会获得诸多启示。

这套丛书由全国知名的名师领衔担任各分册主编。他们发动工作室骨干成员,经过近半年的不懈努力,克服种种困难,终于按时完成了这项艰巨的编写工作。其实丛书作者对学习任务群的学习研究与广大一线语文教师基本处于同一起跑线,只不过这些作者对"新课标"精神的学习研究更加深入,对学习任务群的探索投入的精力更多。当下语文学界对学习任务群的研究探索尚处于初级阶段,在理论与实践方面有诸多问题亟须研究,有些甚至还存在不少争议。在大部分教师的语文课堂教学实践中,学习任务群其实尚未真正实施。因此这几位名师和工作室团队成员能够按照六种学习任务群的不同特点和内容编写出这么多的课例,真是了不起。

参与这套丛书编写的大多是享誉全国的名师以及工作室骨干教师,丛书中的每个案例都经过名师团队集体打磨、反复修改,有些甚至改了五六稿,然而学习任务群毕竟是语文课程改革中的全新事物,我们走的是一条前人没有走过的路,因此需要有一段相当长的时间去探索研究,最好还能有一个教学实践验证的过程。因此丛书中设计的案例不可避免地存在这样那样的问题,无论是学习情境创设、学习任务设计,还是阶段目标、活动内容、学习方法以及评价工具的设计与制作等,都需要在教学实践中检验。广大教师在阅读或使用这些案例时须根据班级学生的实际情况进行必要的修改调整,不能照抄照搬,更不能照本宣科。

最后我想说明的是,学习任务群是体现语文课程实践性特点的有效教学样态,但可能不是唯一。我很赞同温儒敏教授的观点,语文课"并不意味着全部教学一刀切,都要采取任务驱动方法"。学生语文核心素养的培养应该是一个系统工程,应该有多元的教学样态。语文教师在贯彻"新课标"精神时,一方面要以积极的态度尝试进行学习任务群教学,另一方面需要总结过往语文课程改革的成功经验,包括传统语文教学和国外中小学母语教学的成功经验,尝试探索更多更加有效的体现语文课程实践性特点的教学样态。

对语文学习任务群的探索才刚刚开始,实施的路程很长很艰难。语文课程改革不可能毕其功于一役,还有很长的路要走。

吴忠豪

2023 年 11 月

目 录

第一讲　玩转童谣与儿歌

——统编教材一年级下册第一单元"文学阅读与创意
表达"学习任务群设计

➡ 一、主题与内容

（一）主题的确立

统编教材一年级下册第一单元编排了一系列童谣、儿歌,在"快乐读书吧"中
提出了"读读童谣和儿歌"这一主题。根据学科核心素养的发展要求和童谣、儿
歌的文体特点,设计"玩转童谣与儿歌"这一学习主题。

一是从生活角度来看,童谣与儿歌大多来自民间、大众,具有与生俱来的"生
活气息"。它是温良的呢喃,是俏皮的母语,从儿童牙牙学语之时就伴随其一路
成长。儿童在童谣、儿歌的唱诵中增长见识,玩耍游戏,学会本领,体会情感……
可以毫不夸张地说,没有一个人的成长能离开童谣、儿歌。

二是从学科角度来看,统编教材中,一年级有 43 篇童谣、儿歌,即使到了二
年级也还有 15 篇。可见,从学科核心素养培养的视角来看,童谣与儿歌发挥着
极其重要且无可替代的作用。

三是从学习角度来看,童谣、儿歌具有语言浅显易懂、情节生动有趣、音韵和
谐悦耳的特点,读起来朗朗上口,意蕴深长。在童谣、儿歌的学习和诵读中,儿童
能自然而然地习得语言的韵律,能有效地识记词句,更能通过阅读在脑海中自主
构建童谣、儿歌所描述的生动情境。

（二）内容的归属

《义务教育语文课程标准(2022 年版)》首次提出了"学习任务群"的课程
内容,在发展型学习任务群"文学阅读与创意表达"第一学段中就明确指出:

"学习儿歌、童话,阅读图画书,体会童真童趣,感受多姿多彩的生活,初步体验文学阅读的乐趣。"因此,本单元以"文学阅读与创意表达"学习任务群组织教学活动。

(三)内容的组织

统编教材一年级下册第一单元选编了一系列生动有趣的童谣、儿歌,"快乐读书吧"确立了"读读童谣和儿歌"这一课内外联动的阅读主题。课内的《姓氏歌》《猜字谜》《谁和谁好》《摇摇船》《小刺猬理发》,以及拓展阅读书目《读读童谣和儿歌》中不同主题内容的童谣、儿歌,为任务群学习提供了丰富的资源。

二、目标与评价

	单元学习目标	单元学习评价
1	通过自主阅读童谣、儿歌,感受童谣、儿歌的丰富有趣,热爱中华优秀传统文化,树立文化自信。	★ 能选择合适的配乐,有节奏地朗读《摇摇船》。 ★ 能和伙伴接龙读《唐僧骑马咚那个咚》。 ★ 能找到一首自己最喜欢的童谣或儿歌。 ★ 能正确朗读自己最喜欢的童谣或儿歌。
2	采用多种形式朗读童谣、儿歌,感受歌谣语言的韵味美,初步形成欣赏美、发现美的能力。	★ 能边做动作边朗读《小刺猬理发》。 ★ 能正确玩"对对碰"游戏。 ★ 能边念童谣边画丁老头。 ★ 能过关数字漂流岛。
3	在活动中大胆展示阅读成果,并乐于和小伙伴分享自己的成果,勇于探索创新,提升语言文字运用能力。	★ 能制订自己的阅读计划。 ★ 能用特别有意思的方式推荐童谣、儿歌。

　　低年级处于幼小衔接的关键期,学习任务应活动化、游戏化、生活化。可以创设有趣、真实的情境来激发学生的学习兴趣,让学生在快乐的学习任务中自主实践、有效学习。由此,围绕"玩转童谣与儿歌"主题,设计了三个前后连贯的情境任务,建构了学习主题统领下的任务单元:

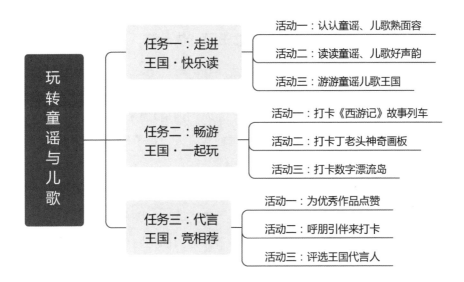

　　为了更好地完成三个学习任务,我们将情境任务作了活动分解,设计了结构化的活动链。

　　任务一:走进王国·快乐读。先结合学生的经验和已有认知,复现他们读过的童谣、儿歌;然后从"正确、好听、好玩"三个维度,探索读出好声韵;再结合推荐书目,引导学生探究童谣、儿歌的种类及内容,在观察、比较中感受读童谣、儿歌的趣味。

　　任务二:畅游王国·一起玩。引导学生进入"游玩王国热门打卡点"的情境,在读一读、唱一唱、画一画、猜一猜、玩一玩、仿一仿中感受童谣、儿歌的丰富、有趣。

任务三：代言王国·竞相荐。先是引导学生通过多种形式的诵读推荐自己喜欢或者创编的童谣、儿歌,然后通过评选王国代言人分享读童谣、儿歌的快乐。

四、活动与建议

(一) 活动设计

任务一　走进王国·快乐读

学习情境:今天,我们全班同学收到了一封邀请函,我们一起打开来看看吧!(微课播放来自童谣儿歌王国小王子童童的邀请)原来童童不仅邀请我们去他们王国游玩,还想聘请我们做他们王国的代言人。孩子们,你们愿意接受这个邀请和挑战吗?

活动一:认认童谣、儿歌熟面容

情境导入:王国为了欢迎我们,派来了迎宾员呢!快来看看他们是谁?(出现三位迎宾员——《剪窗花》《谁会飞》《春节童谣》)回忆一下,我们在哪儿见过他们?再想想,我们最近有没有见过他们的好朋友?(比如《姓氏歌》《谁和谁好》等)看来在这个王国里,我们有很多老朋友啊!

活动二:读读童谣、儿歌好声韵

1. 引导学生把《摇摇船》读正确、读好听,然后让学生根据不同的场景,选择不同的音乐进行配乐朗读。

2. 引导学生练习朗诵《小刺猬理发》,在朗读正确、好听的基础上,和小伙伴扮演角色,边做动作边朗读,体会童谣的有趣、好玩。

活动三:游游童谣儿歌王国

1. 引导学生仔细观察《读读童谣和儿歌》的封面,了解书名、作者、出版社等信息。观察目录,发现这套书是根据童谣和儿歌的内容,按主题归类编排的。浏览导读页,大致了解不同的主题,比如传统节日、动物、植物、四季、自然现象等。

2. 引导学生了解童谣、儿歌的种类,比如问答歌、连锁调、谜语歌、游戏歌、数字歌、绕口令等。带他们玩一玩"对对碰"游戏,感受童谣、儿歌的多种形式和特点。

3. 引导学生制订阅读计划,让他们跟着计划读起来,还可以读读爸爸妈妈知道的童谣、儿歌,一起重温快乐时光。

"走进王国·快乐读"评价标准

评价内容	量化标准	评价主体
能选择合适的配乐,有节奏地朗读《摇摇船》。	★	学生、教师
能边做动作边朗读《小刺猬理发》。	★★	学生
能正确玩"对对碰"游戏。	★★★	学生、教师
能制订好自己的阅读计划。	★★★★	教师

任务二　畅游王国·一起玩

学习情境:今天,让我们到童谣儿歌王国里的热门打卡点好好玩玩吧!

活动一:打卡《西游记》故事列车

1. 出示童谣《唐僧骑马咚那个咚》。

> 唐僧骑马咚那个咚,后面跟着个孙悟空。
>
> 孙悟空,跑得快,后面跟着个猪八戒。
>
> 猪八戒,鼻子长,后面跟着个沙和尚。
>
> 沙和尚,挑着担,后面跟着个老妖怪。
>
> 老妖怪,心狠毒,一心想吃唐僧肉。

> 唐僧八戒上了当,多亏孙悟空眼睛亮。
>
> 眼睛亮,冒金光,火眼金睛分得清,
>
> 高高举起金箍棒,妖魔鬼怪一扫光。

2. 先请一位同学来读,其他同学打节拍。引导学生发现童谣自带节奏韵律。

3. 接着,请男女同学分句朗读。引导学生发现前一句的末尾恰好是下一句的开头。

4. 教师适当点拨:具有这样特点的童谣又叫连锁调。

5. 最后,让学生伴着配乐,吟唱童谣。

活动二:打卡丁老头神奇画板

1. 出示神奇画板的内容。

> 一个丁老头,欠我两弹球。
>
> 我说三天还,他说四天还。
>
> 讨个大鸭蛋,三根韭菜三毛三。
>
> 一块豆腐六毛六,一串糖葫芦七毛七。

2. 让学生谈谈发现。有的学生会结合经验,从节奏、押韵等方面发现这首童谣的特点。有的学生会说,这首童谣读不太懂,有点莫名其妙。接着生读师画,发现秘密。

生:一个丁老头。(教师写一个"丁"字——鼻梁)

生:欠我两弹球。(教师在"丁"字两侧画两个圆圈——眼睛)

生:我说三天还。(教师在"丁"字上方画三横——抬头纹)

生:他说四天还。(教师在"丁"字下方写"四"字——嘴巴)

生:讨个大鸭蛋。(教师把所画的内容圈起来——脑袋)

生:三根韭菜三毛三。(教师在头部画三根韭菜——头发,在脑袋两侧写两个对称的"3"——耳朵)

生:一块豆腐六毛六。(教师在头部下方画长方形形状的豆腐——身体,在

身体两侧写两个对称的"6"——手臂)

生：一串糖葫芦七毛七。(教师在身体上画一串圆圈——纽扣,在身体下方写两个倒着的"7"——腿)

师：(画完后)此人就是"丁老头"。想体验一下丁老头神奇画板吗?

3. 引导学生一边念童谣一边绘画,还可以鼓励学生进行模仿创编。

活动三：打卡数字漂流岛

数青蛙

一只青蛙一张嘴,两只眼睛四条腿,扑通一声跳下水。

两只青蛙(　　)张嘴,(　　)只眼睛(　　)条腿,扑通扑通(　　)声跳下水。

三只青蛙(　　)张嘴,(　　)只眼睛(　　)条腿,扑通扑通扑通(　　)声跳下水。

四只青蛙(　　)张嘴,(　　)只眼睛(　　)条腿,扑通扑通扑通扑通(　　)声跳下水。

引导学生跟着节奏边念边填,还可以鼓励学生进行模仿创编。

"畅游王国·一起玩"评价标准

评价内容	量化标准	评价主体
能和伙伴接龙读《唐僧骑马咚那个咚》。	★	学生
能边念童谣边画丁老头。	★★	学生、教师
能过关数字漂流岛。	★★★	学生、教师
能基本准备好代言任务单。	★★★★	教师、家长

任务三　代言王国·竞相荐

学习情境：今天将举行"我是童谣儿歌王国代言人"终极挑战赛,同学们,准备好了吗?

"我是童谣儿歌王国代言人"挑战单

挑战星级	挑战要求
★	我找到了一首自己最喜欢的童谣或儿歌。
★★	我能读自己最喜欢的童谣或儿歌。
★★★	我能用特别有意思的方式读童谣、儿歌。
★★★★	我能用特别有意思的方式推荐童谣、儿歌。

活动一：为优秀作品点赞

引导学生自主选择线上或者现场朗读自己最喜欢的童谣或儿歌,获得 10 个及以上伙伴的好评或点赞的作品能入选"王国之声广播站"。

活动二：呼朋引伴来打卡

引导学生自主选择有意思的方式(唱一唱、玩一玩、接一接、画一画、猜一猜、算一算等)来推荐自己喜欢或者创编的童谣、儿歌,如果能吸引 5 个及以上同学打卡参与,就视作代言成功。

活动三：评选王国代言人

组织学生通过全班投票的方式,选出若干个表现优秀的代言人,并简要说说他们的具体表现。

(二) 教学建议

1. 牢牢把握学段特点,在"有趣"上下功夫。围绕"有趣"来设计、开展符合学生年段特点的学习活动,能轻松抓住孩子们的心,让他们在"玩"中积累语言、发现规律、展示本领。对于学生自信的表现要积极肯定,如若学生表现不佳,亦要适度引导,切勿打击学生学习的信心、兴趣。

2. 课时整体安排建议。"任务一：走进王国·快乐读"1 课时,"任务二：畅游王国·一起玩"2 课时,"任务三：代言王国·竞相荐"1 课时。此学习任务群包含"快乐读书吧"的内容,所以要注重任务的持久性。从一堂课的活动组织向日常阅读延展,教师要不时了解学生的阅读情况、任务准备情况等。

3. 任务群学习策略:游戏化体验。童谣、儿歌源于生活,具有语言浅显易懂、情节生动有趣、音韵和谐悦耳的特点。我们要让学生在快乐的游戏中体验童谣、儿歌的特点,积累阅读经验,从而进一步激发学生的阅读期待。

第二讲　我和春天有个约会
——统编教材二年级下册第一单元"文学阅读与创意表达"学习任务群设计

（一）主题的确立

统编教材二年级下册第一单元围绕"春天"这个主题进行编排,展现了春天的美景和人们的活动。根据单元主题与文体的特点,设计"我和春天有个约会"这一学习主题。

一是从生活角度来看,春天来了,万物复苏,世界是多姿多彩的。二年级学生对自然万物充满好奇,他们愿意去寻找春天,感知春天,描绘春天。同时,儿童又像春天一样生气勃勃,天真烂漫。开学恰逢春天,是开展"我和春天有个约会"主题教学的好时机。

二是从学科角度来看,契合单元主题的教学要求。这个单元编排了关于春天的古诗、散文、童话故事等作品,能进一步唤醒学生对于春天的感知,激发学生热爱春天的情感。作品中丰富多样的语言表达有利于学生积累丰富的语言经验,培养良好的语感。

三是从学习角度来看,二年级学生的形象思维见长,富有创造力和想象力。"我和春天有个约会"主题教学借助春天美景与课文插图,引导学生在诵读中想象,在阅读中理解,在品味中欣赏;通过"诵诗会""故事会""读书会"等语文实践活动,引导学生发现美、感受美,涵养高雅的情趣,提升创造美的能力。

（二）内容的归属

《义务教育语文课程标准(2022年版)》中第一学段的"文学阅读与创意表

达"学习任务群包括三个方面的内容,其中第二个内容是"诵读表现自然之美的短小诗文,感受大自然的美景与变化",第三个内容是"学习儿歌、童话,阅读图画书,体会童真童趣,感受多姿多彩的生活,初步体验文学阅读的乐趣"。这两个内容旨在引导学生通过诵读文学作品,积累语言经验,感受自然与生活的美好。

统编教材二年级下册第一单元选编了一系列与春天有关的文本,文体多样,为"文学阅读与创意表达"任务群学习提供了丰富的资源。因此,本单元以"文学阅读与创意表达"学习任务群组织教学活动。

(三) 内容的组织

统编教材二年级下册第一单元编排了《古诗二首》《找春天》《开满鲜花的小路》《邓小平爷爷植树》四篇课文;"口语交际"编排了"注意说话的语气"学习内容;《语文园地一》节选了古诗《赋得古原草送别》,选编了《笋芽儿》一文;"快乐读书吧"推荐阅读儿童故事。这些内容为"文学阅读与创意表达"任务群学习提供了丰富的资源。

▶ 二、目标与评价

	单元学习目标	单元学习评价
1	通过单元课文的学习,认识 63 个生字,读准 1 个多音字,会写 34 个字,会写 31 个词语。能正确、流利地朗读课文,注意语气和重音。与人交流时,能用恰当的语气说话。	★ 能在具体的情境中,自主学习生字新词,读准多音字。 ★ 能正确、流利地朗读课文,注意语气和重音。 ★ 与人交流时,能用恰当的语气说话。
2	能用自己的话说出诗句描述的春天美景。了解课文内容,能说出孩子们找到的春天是什么样的。能借助插图说出邓爷爷植树的情景。	★ 能用自己的话说出诗句描述的春天美景。 ★ 能说出孩子们找到的春天是什么样的。 ★ 能借助插图说出邓爷爷植树的情景,准确运用相关动词。

	单元学习目标	单元学习评价
3	初步学会看书的目录,从目录中大致了解书里主要写了什么。能自主阅读自己喜欢的故事,了解故事的主要内容。乐于和同学分享课外阅读成果。	★ 能看目录,从目录中了解书主要写了什么。 ★ 能借助情节图了解故事内容,分享读故事的感受。 ★ 能借助阅读单讨论从故事中获得的启发。
4	能在真实的学习情境中开展实践活动,在活动中感受春天的美好,表达自己对春天的喜爱之情。	★ 能选择自己喜欢的方式表现春天,表达自己对春天的喜爱之情。

三、情境与任务

"我和春天有个约会"学习主题的关键词是"春天"和"约会"。以"诵诗会"统整古诗、散文,学习阅读,学习诵读;以"故事会"统整童话故事、生活故事;以"读书会"引导学生阅读整本书;以"主题会"引导学生分享见闻。本单元紧扣"我"在春天的活动,从不同角度设计了四个前后连贯的情境任务,建构了学习主题统领下的任务单元:

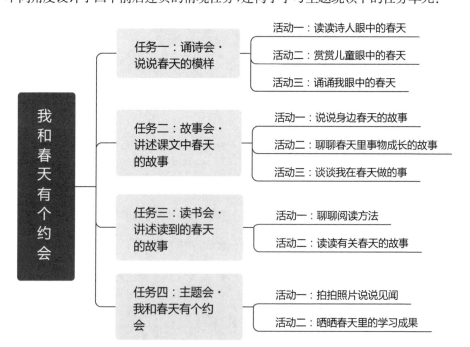

为了更好地完成四个学习任务,我们将情境任务作了活动分解,设计了结构化的活动链。

任务一:诵诗会·说说春天的模样。引导学生学习《古诗二首》,了解古代诗人眼中的春景及春天的活动。引导学生学习《找春天》,发现作者描绘春天的密码,借文中的相关句式,说一说自己眼中的春天。

任务二:故事会·讲述课文中春天的故事。引导学生学习《开满鲜花的小路》《笋芽儿》《邓小平爷爷植树》,借助情节图梳理故事内容,读懂故事,积累语言,并尝试讲述故事。

任务三:读书会·讲述读到的春天的故事。"快乐读书吧"推荐阅读儿童故事,将这块内容单独设计成一个任务,引导学生从课文学习走向整本书阅读,最终举行形式多样的读书会。

任务四:主题会·我和春天有个约会。这个任务引导学生进行成果分享,可以诵读、积累有关春天的诗文,可以说一说有关春天的故事,将文学阅读与创意表达结合在一起。

四个学习任务围绕"我和春天有个约会"这个学习主题前后连贯、层层递进,同一任务中的多项学习活动相互关联、逐层深化,带领学生在语文实践活动中提升阅读与表达的能力。

----------------------→ 四、活动与建议 ----------------------

(一) 活动设计

任务一　诵诗会·说说春天的模样

学习情境:春天来了,请欣赏圣野的小诗《第一个乐章》。让我们一起走进春天,一起参加"春天诗会"。

活动一：读读诗人眼中的春天

1. 读一读：用多种形式朗读古诗《村居》《咏柳》《赋得古原草送别(节选)》，读正确,读流利。

2. 猜一猜：观察《村居》插图,猜一猜与图对应的是哪一首诗。在交流中建立古诗中情景与插图的联系,如草长莺飞、拂堤杨柳、儿童放纸鸢等。

3. 读一读：边读《村居》边想象诗中描写的画面。读出重音和节奏,读出画面感。

(1) 了解诗的大意,读出重音。

(2) 词语连读,读出节奏。

(3) 感受心情,想象画面,读出语气。例：看到乡村春天的美景,你的心情怎么样? 想象画面,用恰当的语气读这首诗。

4. 画一画：读懂、读好《咏柳》《赋得古原草送别(节选)》,选择其中一首,画一画诗人眼中的春天,给诗配上图。

活动二：赏赏儿童眼中的春天

1. 读一读：自由朗读《找春天》,说说孩子们找到的春天是什么样的。

2. 读一读：读一读课文第4～8自然段,想象画面朗读,读出重音与反问的语气。

3. 比一比：观察草芽图与眉毛图,想一想为什么课文说草芽是春天的眉毛。

4. 说一说：阅读《笋芽儿》,想一想笋芽儿看到的春天又是什么样的,试着用《找春天》中的句式说一说,例如"桃花笑红了脸,那是春天的脸庞吧?"。

活动三：诵诵我眼中的春天

1. 填一填：学习《语文园地一》中的"字词句运用",补充合适的词语,说说你在春天里看到了什么,感受到了什么。

( )的天空　　( )的阳光　　( )的田野

( )的微风　　( )的柳条　　( )的草坪

2. 仿一仿：仿照《找春天》第4～7自然段或第8自然段,说说自己眼中的春天是什么样的。

(1) 发现第4～7自然段或第8自然段的写作密码。

交流明确：第4～7自然段先说清楚事物的样子,再展开想象以问句的形式说出她像什么。

交流明确：第8自然段把春天当成人来写,展开想象写出她在哪里干什么。

(2) 仿照第4~7自然段或第8自然段说说春天的画面。

"诵诗会·说说春天的模样"评价标准

评价内容	量化标准	评价主体
能正确诵读三首古诗,正确书写生字。	☆☆☆☆☆	学生、教师
能找到身边的春天,说出自己找到的春天的模样。	☆☆☆☆☆	学生、教师
能和大家分享自己眼中的春天,表达对春天的喜爱之情。	☆☆☆☆☆	学生、教师

任务二　故事会·讲述课文中春天的故事

学习情境: 春天,草在发芽,树在长叶,每一片叶子里都有春天的故事。让我们一起阅读《开满鲜花的小路》《笋芽儿》《邓小平爷爷植树》,一起合作讲好这三个故事。

活动一:说说身边春天的故事

1. 根据课文插图,讲清《开满鲜花的小路》的故事内容。

(1) 读一读,厘清人物关系:圈出故事中的角色,想一想他们之间发生了什么事。

(2) 说一说,讲清故事内容:春天来了,鼹鼠先生到松鼠太太家做客,他分别路过了谁的家? 发现每户人家的门前都有哪些变化呢? 请根据课文插图说一说故事。

2. 角色扮演,朗读好故事。重点读出刺猬太太、狐狸太太、松鼠太太惊喜的语气。

3. 借助插图展开想象,练习仿说。

(1) 读句子思考:通过句子中加点的词语,你知道了什么?

例:门前开着一大片五颜六色的鲜花。

（2）仿说，试着把句子说具体。

4. 再次分角色朗读对话，体会角色心情，读出惊喜的语气。

5. 读懂第 11、第 12 自然段，探究小路开满鲜花的原因，理解"美好的礼物"。

（1）讨论：课文中"美好的礼物"指的是什么？为什么说是"美好的礼物"？

（2）交流：你的生活中有"美好的礼物"吗？

（3）说说身边春天的故事。

活动二：聊聊春天里事物成长的故事

1. 借助情节图梳理《笋芽儿》的故事内容。

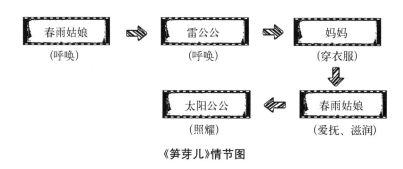

《笋芽儿》情节图

2. 迁移读法，朗读《笋芽儿》，体会角色心情，读出相应的语气。

3. 看着情节图讲故事，注意语气和重音。

4. 说说春天里事物成长的故事。

活动三：谈谈我在春天做的事

1. 整体了解邓小平爷爷植树的事情。

课文讲的是_____（时间）_____（谁）在_____（地点）_____（干什么）。

2. 读懂第 2、第 3 自然段，圈出植树动词，了解邓爷爷是怎么植树的，画植树流程图。

手握铁锹—挖树坑—挑选树苗—移入树坑—挥锹填土—扶正树苗

3. 关注动词前面的形容词，了解邓爷爷植树的态度。

（1）填一填：手握铁锹—（   ）挖树坑—（   ）挑选树苗—（   ）移入树坑—挥锹填土—扶正树苗

（2）想一想：邓爷爷是怎样做这些事情的？通过邓爷爷的表现，你感受到了什么?

4. 借助插图和流程图讲讲邓爷爷植树的故事。

5. 联系实际生活,说说自己在春天做过的事。

"故事会·讲述课文中春天的故事"评价标准

评价内容	量化标准	评价主体
能借助情节图说故事内容。	☆☆☆☆☆	学生、教师
能联系生活说说自己知道的春天的故事。	☆☆☆☆☆	学生、教师
走进春天,说说自己在春天做的事。	☆☆☆☆☆	学生、教师

任务三　读书会·讲述读到的春天的故事

学习情境: 在春暖花开的时节打开书,读读故事吧! 和书中的人物相遇,感受故事的有趣和精彩。还可以分享令人印象深刻的地方,交流各自的阅读收获。

活动一:聊聊阅读方法

1. 开启阅读之旅:走进"快乐读书吧",分享读故事的方法和收获。

2. 借助封面猜故事:观察书的封面,根据封面信息猜一猜可能会写一个怎样的故事。(《神笔马良》《七色花》《一起长大的玩具》《愿望的实现》)

3. 借助目录读故事:

(1)看目录:翻开《一起长大的玩具》目录,看看目录里面有什么。(目录里有篇章的标题和相对应的页码)

(2)根据目录预测:根据目录猜猜故事的内容。

(3)阅读验证:目录有没有告诉我们书里写了什么?

(4)读读其他三本书的目录:每本书分别写了多少个故事?哪些故事的题目看起来很有意思?根据题目猜一猜故事的内容。

(5)总结:看书的时候,要学会看目录。目录可以让我们提前知道这本书主要写了什么内容,会有哪些篇章,分别从哪一页开始。我们既可以按照目录的顺序从头看起,也可以先选择自己感兴趣的篇目阅读,还可以在读完整本书后选择自己还想读的内容重读。

4. 围绕"愿望",读后分享交流:

(1) 填一填:《七色花》中,珍妮实现了哪七个愿望? 简要填在情节图上。

《七色花》情节图

(2) 聊一聊:你喜欢哪一个愿望? 为什么? 假如你也有七色花,你想要实现什么样的愿望? 为什么?

(3) 辨一辨:《愿望的实现》中,儿子和父亲的愿望是什么? 愿望实现后又发生了什么? 哪些地方让你觉得神奇? 联系自己的生活说一说吧!

(4) 说一说:《神笔马良》中,马良的愿望是什么? 这个故事神奇在哪里?

5. 理一理:你学会了哪些阅读的方法?

活动二:读读有关春天的故事

1. 小组交流,分享自己读过的有关春天的故事。

推荐阅读:故事集《春天在哪里》,图画书《你好,春天》《小牛的春天》,诗集《春暖花开》。

2. 选择一本书,读读封面与目录,说说自己的发现。

3. 每位组员选一个不同的话题阅读并分享。

★ 找出书中描写春天景色的内容。

★ 找出书中关于春天动植物的信息。

★ 找出书中关于春天变化的信息。

★ 找出书中关于春天……

"读书会·讲述读到的春天的故事"评价标准

评价内容	量化标准	评价主体
制订阅读计划:计划适切,可操作性强。	☆☆☆☆☆	学生、教师
说说阅读方法:感知方法,同伴分享。	☆☆☆☆☆	学生、教师
组织一次读书会:能积极主动参与读书会活动。	☆☆☆☆☆	学生、教师

任务四　主题会·我和春天有个约会

学习情境： 在这美好的春天，我们一起学习了古诗，读了故事。让我们来举办"我和春天有个约会"主题会，展示我们的学习成果吧！

活动一：拍拍照片说说见闻

1. 观察《语文园地一》中"识字加油站"里的导览图，了解导览图的作用。

2. 借助拼音读一读导览图中标注的地点。

3. 重点理解"咨询处"。

4. 当一回"小导游"，根据导览图讲解游春路线。

5. 拍拍春天的美景，说说自己的见闻。

活动二：晒晒春天里的学习成果

1. 准备主题会分享的内容。

（1）诵诗文：可以诵读本单元学习的古诗与课文，也可以诵读课外积累的关于春天的诗文。

（2）讲故事：可以讲本单元学习的故事，也可以讲讲自己读到的关于春天的故事。

2. 举办主题会：先确定展示人员和节目清单；然后选定主持人；最后组织"我和春天有个约会"主题会，人人当观众，个个做评委，评选出各个奖项。

主题会节目单				
序号	组别	节目名称	展示方式	展示者
1				
2				
...				

"主题会·我和春天有个约会"评价标准

评价内容	量化标准	评价主体
诵春天：声音响亮,语气适中。	☆☆☆☆☆	学生、教师
讲春天：熟练流利,画面丰富。	☆☆☆☆☆	学生、教师
分享春天：积极参与,完成任务。	☆☆☆☆☆	学生、教师

(二) 教学建议

1. 语言文字积累与梳理。"文学阅读与创意表达"是核心,而"语言文字积累与梳理"是每个单元的重要基石。(1)借助插图和注释,联系生活理解古诗大意,熟读背诵本单元三首古诗。(2)学习《找春天》,理解"脱掉棉袄,冲出家门,奔向田野"中连续动词的运用。学习《开满鲜花的小路》,积累"绚丽多彩、五颜六色、花朵簇簇"等形容花的词语。学习《邓小平爷爷植树》,积累运用"碧空如洗、万里无云、引人注目、兴致勃勃"等四字词语。(3)书写汉字,注意写好半包围结构的字,总结半包围结构的字的笔画特点。

2. 单元课时整体安排建议。"任务一：诵诗会·说说春天的模样"4 课时,"任务二：故事会·讲述课文中春天的故事"4 课时,"任务三：读书会·讲述读到的春天的故事"3 课时,"任务四：主题会·我和春天有个约会"2 课时。

3. 单元任务群学习策略。

(1)边读边想象。这一策略需要学生边诵读诗句边想象画面,或者边朗读文章边想象画面。此策略有助于学生更好地走进文本,与文字对话,体会文本蕴藏的情感价值。

(2)借助插图讲故事。在本单元学习中,学生可以借助插图讲故事,例如学习《开满鲜花的小路》,借助插图复述故事;学习《邓小平爷爷植树》,借助插图讲邓爷爷植树的过程。

(3)与生活联结。这一策略引导学生在阅读时联系自己的生活经验,获得丰富的阅读体验。

第三讲 漫游奇妙的童话王国

— 统编教材三年级上册第三单元"文学阅读与创意表达"学习任务群设计

（一）主题的确立

童话是浩瀚文海中的一颗璀璨明珠,是儿童文学里的一个重要类别。它通过想象、幻想和夸张来塑造人物形象,反映生活,促进儿童的成长。本单元是童话主题单元,选编了风格各异的中外童话。教材单元页中提到"乘着想象的翅膀,游历奇妙的童话王国,看花儿跳舞,听星星歌唱",将单元学习主题直指童话世界。根据童话的特点及学生的学情,设计"漫游奇妙的童话王国"这一学习主题。

（二）内容的归属

本单元选编了不同风格的中外童话:丹麦安徒生的《卖火柴的小女孩》,流火的《那一定会很好》,张之路的《在牛肚子里旅行》,辛勤的《一块奶酪》。此外安排了《习作:我来编童话》《语文园地》《快乐读书吧:在那奇妙的王国里》,带领学生走进奇妙的童话世界,引导学生在童话世界里交朋友、获启示,并进一步产生阅读童话的兴趣。因此,本单元以"文学阅读与创意表达"学习任务群组织教学活动。

（三）内容的组织

本单元的学习内容以统编教材三年级上册第三单元的教材文本为主,内容丰富。"快乐读书吧"引导学生读整本书,会使本单元的学习持续较长的一段时间。另外,在学习内容的组织上,将采用变序、拆分、重组等策略(详见第三部分中"任务框架"里的说明),实现学习任务群的有效推进。

➡ 二、目标与评价

序号	单元学习目标	单元学习评价
1	通过单元课文的学习,认识38个生字,读准8个多音字,会写26个字,会写33个词语。了解故事的主要内容,体会人物心情变化,能对故事中的人物作简单评价,能把故事讲给别人听。	★ 创设词汇情境,考查学生对字词的掌握情况。 ★ 通过情节梯、流程图、旅行线路图等形式,考查学生对故事情节和人物特点的掌握情况。
2	了解童话写作的基本特点,能借助教材提示的内容,发挥想象,编写童话故事,并尝试运用修改符号自主修改习作,试着给习作添加题目。	★ 按照三级水平评价量表,对文学阅读与创意表达的内容进行全方位评价,不仅关注习作结果,更关注习作过程。(见附录)
3	通过学习"快乐读书吧",产生阅读童话的兴趣,了解阅读整本书的基本方法,体会阅读的快乐,乐于与大家分享课外阅读成果。	★ 观察学生在童话导读课、推进课和分享课中的关键表现以及阅读童话后呈现的相关作品,进行评价。

附录:

"我来编童话"三级水平评价标准

班级:_____   姓名:_____

评价项目	评价内容	一级水平	二级水平	三级水平
创意表达	尝试编写童话	勾勒故事的大致轮廓,人物之间缺少交流。	基本写清楚故事情节,人物之间有比较笼统的交流。	故事写得比较具体,人物之间有具体的交流。

评价项目	评价内容	一级水平	二级水平	三级水平
创意表达	修改童话	故事情节清楚，人物形象模糊，语句不够通顺。	故事情节前后衔接自然，人物形象描绘得一般，语句比较通顺。	故事情节丰富，人物形象鲜明，语句通顺。
	发布童话	能参与合作修改，能基本呈现故事情节，人物形象、语言有待提升。	合作关系良好，故事情节基本清楚，人物形象相对生动,语言有趣。	合作关系和谐，故事情节生动，人物形象鲜活，语言生动、有趣。
	总体效果	一般	良好	优秀

"我来编童话"三级水平评价表

班级：_____　　第( )小组　　姓名：_____　　时间：_____

评价项目	评价内容	自评	小组评	全班评	师评
创意表达	尝试编写童话	☆☆☆	☆☆☆	☆☆☆	☆☆☆
	修改童话	☆☆☆	☆☆☆	☆☆☆	☆☆☆
	发布童话	☆☆☆	☆☆☆	☆☆☆	☆☆☆
	总体效果	☆☆☆	☆☆☆	☆☆☆	☆☆☆

三、情境与任务

关照单元整体，链接"快乐读书吧"，结合学生学习的现实生活，创设有趣、真实的情境，激发学生阅读童话的兴趣，开启一段奇妙的童话之旅。

由此，围绕"漫游奇妙的童话王国"学习主题，设计了三个前后连贯的情境任务，建构了学习主题统领下的任务单元：

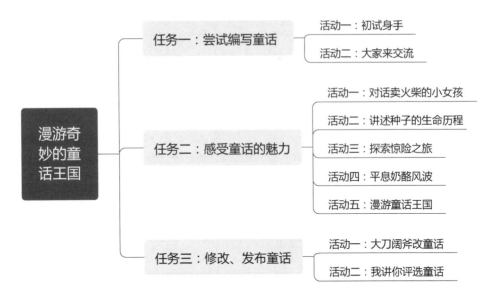

　　整个任务群采用变序、拆分、重组等手法,把《习作:我来编童话》拆分放入三大子任务中,其中"尝试编写童话"是最初开展的学习任务,充分体现先写后读、先学后教的理念;把《语文园地》进行拆分、重组,将"交流平台""词句段运用"与习作第二课时、课文《在牛肚子里旅行》进行内容整合;把"快乐读书吧"中"你读过吗"板块提前,与课文《卖火柴的小女孩》《一块奶酪》进行内容整合,打破了教材单篇课文按序教学的模式,重新审视单元各板块的教学价值,形成了结构合理、彼此促进的任务群学习模式。

统编教材三年级上册第三单元教学内容变序、拆分、重组一览表

学习任务	主要教学活动	单元教学内容重组
任务一:尝试编写童话	活动一:初试身手	★《习作:我来编童话》中,根据教材提供的词语想象画面,尝试编写故事
	活动二:大家来交流	
任务二:感受童话的魅力	活动一:对话卖火柴的小女孩	★《卖火柴的小女孩》 ★"快乐读书吧"中对《安徒生童话》整本书的导读推介
	活动二:讲述种子的生命历程	★《那一定会很好》

学习任务	主要教学活动	单元教学内容重组
任务二：感受童话的魅力	活动三：探索惊险之旅	★《在牛肚子里旅行》 ★《语文园地》中的"词句段运用"，整理归类带"口字旁"的字
	活动四：平息奶酪风波	★《一块奶酪》 ★"快乐读书吧"中对《安徒生童话》整本书的阅读交流
	活动五：漫游童话王国	★"快乐读书吧"中对《稻草人》《格林童话》整本书的导读推介
任务三：修改、发布童话	活动一：大刀阔斧改童话	★《语文园地》中的"交流平台" ★《语文园地》中的"词句段运用"，学习运用不同的修改符号 ★ 修改习作
	活动二：我讲你评选童话	★ 再次修改习作 ★ 确定《小鲤鱼童话集》入选文章

　　在这样的学习任务群之下，学生的阅读动机是明确的，需求是迫切的，创作灵感是迸发的，文学阅读与创意表达实现了真正意义上的同步。此外，在学习过程中，每个学生至少写了 3 次，从尝试到修改再到合作交流后完善，渗透了"文章不厌百回改"的意识，培养了良好的习作习惯。

→ 四、活动与建议

（一）活动设计

任务一　尝试编写童话

学习情境：同学们，今年是学校"童话教育"40 周年，学校准备出一本《小鲤鱼童话集》,现在正面向全校学生征集优秀的童话原创作品,让我们先利用以前编写童话的经验,一起试着写一写吧!

活动一:初试身手

1. 回顾童话要素:回顾二年级学过的童话,讨论童话故事应具备的关键要素。

2. 想象画面:看着图片中的词语,你的脑海中出现了怎样的画面? 你想到了什么样的故事? 小组合作交流。

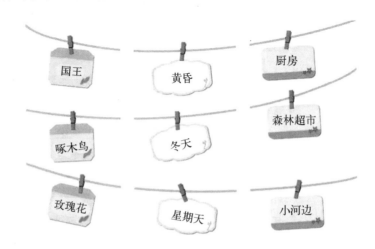

3. 明确写作思路:故事里都有哪些角色? 事情发生在什么时间? 是在哪里发生的? 他们在那里做什么? 他们之间发生了什么故事?

4. 初试身手:自主选择词语,尝试编写童话。

活动二:大家来交流

1. 交流初稿:小组合作,交流习作初稿,发现小组成员习作中存在的问题。

2. 小组汇报。

3. 全班梳理:根据小组交流的内容,梳理习作中普遍存在的问题。(人物之间缺少交流,人物形象模糊,情节简单,语言贫乏等)

任务二 感受童话的魅力

学习情境: 在之前的学习中,我们发现了自己编写的童话存在一些问题：有的故事人物之间缺少交流；有的故事人物形象模糊；有的故事情节简单；有的故事语言贫乏，不生动有趣。那么怎样才能写出一篇优秀的童话，成功入选《小鲤鱼童话集》呢？这个单元，我们要一起走进童话，探索童话的秘密。

活动一：对话卖火柴的小女孩

1. 初读课文：自由朗读课文《卖火柴的小女孩》，学习生字新词，按顺序梳理课文的主要内容。

2. 梳理情节：借助故事情节梯，聚焦五次"擦燃火柴"的情节，梳理小女孩擦燃火柴出现幻象的过程。

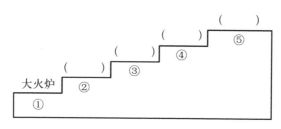

《卖火柴的小女孩》故事情节梯

3. 朗读感知：通过多种形式的朗读，走进小女孩的内心世界，思考每次擦燃火柴后出现的幻象表达了小女孩怎样的愿望，感受童话合理且丰富的想象。

4. 深入体验：学习"快乐读书吧"中的《拇指姑娘》片段，可以把自己想象成童话中的主人公，和故事中的人物一起欢笑，一起悲伤，感受童话世界的奇妙，从而激发阅读《安徒生童话》的兴趣。

5. 课后拓展：阅读《安徒生童话》。

活动二：讲述种子的生命历程

1. 初读课文：默读课文《那一定会很好》，学习生字新词，思考一粒种子变成了哪些事物。（边读边圈画）

2. 梳理情节：围绕种子的变化，抓住动词，找出种子每次变化前的心愿，形成故事流程图。

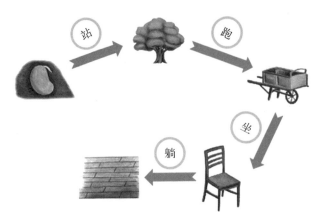

《那一定会很好》故事流程图

3. 朗读感知：通过多种形式的朗读,体会种子当下的状态与心情。

4. 讲述内容：借助故事流程图,通过"自己讲—同桌互讲—全班交流"的递进形式讲述故事内容。

活动三：探索惊险之旅

1. 初读课文：自由朗读课文《在牛肚子里旅行》,学习生字新词,链接《语文园地》中的"词句段运用",整理归类带"口字旁"的字。

肚子

嘴　　　　　第一个胃

第二个胃

红头旅行线路图

2. 绘制旅行线路图：借助关键语句,依次圈画路线站点,形成旅行线路图。

3. 借助线路图,简单讲述故事内容。

4. 绘制人物心情图：从哪里可以看出青头和红头是"非常要好的朋友"？分角色朗读,体会青头和红头对话时的心情,绘制人物心情图。

活动四：平息奶酪风波

1. 初读课文：默读课文《一块奶酪》,学习生字新词,思考课文围绕一块奶酪讲了一件什么事。

2. 梳理故事内容：按故事发展的先后顺序梳理关键词"发现、掉渣、下令、犹豫、命令"。

3. 感知人物形象：说说你喜不喜欢文中的蚂蚁队长,理由是什么。

4. 形成人物档案：围绕人物的"语言、动作、心理"等描写交流想法,感悟人物形象,并根据交流的内容,提取关键词,形成人物档案。

5. 迁移运用,交流阅读体会:前期我们已经阅读了《安徒生童话》,里面一定也有像蚂蚁队长那样让你印象深刻的故事人物吧,他的哪一点让你印象深刻?请说说理由。

活动五:漫游童话王国

1. 交流《安徒生童话》阅读体验,初探整本书阅读的方法。

2. 学习"快乐读书吧"中关于《稻草人》的介绍,留下对《稻草人》的初步印象。

3. 观察《稻草人》目录,运用猜读法,选择自己喜欢的故事,发挥想象猜测故事内容。

4. 欣赏《稻草人》影视片段节选,联系上文,发挥想象,猜测故事走向,激发阅读兴趣。

5. 阅读《稻草人》,走进故事人物内心,制作读书记录卡片。

6. 推荐自己阅读过的其他童话书。

任务三　修改、发布童话

学习情境:一篇优秀童话的诞生,往往需要经过多轮修改,层层筛选。今天我们将通过"自主修改、合作修改"的方式,对习作初稿进行修改,还将开展"童话发布会",通过"自荐、互荐、投票"的方式,评选出优秀童话,颁发《小鲤鱼童话集》入选卡,同时颁发"最具人气作品""最佳故事""最具创意作品"等奖项。

活动一:大刀阔斧改童话

1. 链接《语文园地》中的"交流平台",小结童话的基本特点。

2. 链接《语文园地》中的"词句段运用",学习运用表示改正、增补、删除意思的修改符号。

3. 师生配合修改习作初稿。

4. 运用修改符号自主修改习作,并试着给习作添加题目。

活动二:我讲你评选童话

1. 把故事讲给同桌听,合作修改习作。

2. 小组交流,组内点评故事的优缺点,根据需求再次适当修改习作。

3. 开展"童话发布会":小组推荐优秀童话故事,进行班内发布。

4. 全班投票,评选出优秀童话作品若干篇,颁发《小鲤鱼童话集》入选卡,同时颁发"最具人气作品""最佳故事""最具创意作品"等奖项。

(二)教学建议

1. 单元任务群学习策略。本单元是童话主题单元,对三年级的学生而言,"童话"这一文学体裁并不陌生,但前期的接触都是零星、分散的,像这样接触一整个单元文本还是第一次。因此在教学过程中,要有统整意识,既要纵向联系,有效利用学生已经阅读过的童话,也要关照单元整体,利用好教材中提供的优秀童话,链接"快乐读书吧",适时推荐课外阅读。本单元的教学中,我们设计了三个任务,通过变序、拆分、重组等方式适时调整教学顺序,帮助学生进一步认识童话,发现童话的基本特点,提升编写童话的能力。

2. 单元课时整体安排建议。"任务一:尝试编写童话"2 课时,"任务二:感受童话的魅力"9 课时,"任务三:修改、发布童话"2 课时。

3. 教学尺度适度把握。本单元的语文要素是"感受童话丰富的想象,试着自己编童话、写童话"。本单元的大任务是"创编童话,出版《小鲤鱼童话集》"。基于语文要素及单元主题任务,在单元教学中要引导学生发现童话的特点,但在对童话特点的认识上要适度把握,要从学生的实际出发,不要拔高要求。要在大量阅读、感性认知的基础上,通过讨论、交流等方式,引导学生体会童话的特点,不要生搬硬套,过于抽象。

第四讲　掀起"寓言"的盖头来

——统编教材三年级下册第二单元"文学阅读与创意表达"学习任务群设计

一、主题与内容

（一）主题的确立

统编教材三年级下册第二单元是寓言单元,编排了精读课文《守株待兔》《陶罐和铁罐》《鹿角和鹿腿》和略读课文《池子与河流》,并在"快乐读书吧"中向学生推介了中国古代寓言、伊索寓言和克雷洛夫寓言。根据寓言的文体特点,设计"掀起'寓言'的盖头来"这一学习主题。

寓言是用故事来寄托意味深长的道理,给人以启示的文学体裁。寓言的篇幅一般比较短小,语言精练,结构简单却极富表现力;有鲜明的讽刺性和教育性,往往体现深刻的道理;故事情节虚构,主人公可以是人,也可以是物;常用比喻、夸张、拟人等修辞手法。

三年级学生第一次接触寓言单元。通过这一单元学习,学生可以逐步感受寓言故事的结构、表达方式等,体悟寓言予以人们的启示意义。诚如严文井所说:"寓言是一座奇特的桥梁,通过它,可以从复杂走向简单,又可以从单纯走向丰富。在这座桥梁上来回走几遍,我们既看到了五光十色的生活现象,又发现了生活的内在意义。"

（二）内容的归属

《义务教育语文课程标准(2022 年版)》中第二学段的"文学阅读与创意表达"学习任务群指出:"阅读描绘大自然、表现人类美好情感的诗歌、散文等文学作品,结合自己的生活体验,尝试用文学语言表达自己热爱自然、珍爱生命的情感。"这个学习内容旨在引导学生通过阅读活动,感受文学作品的独特魅力,开阔视野,增长见识。

统编教材三年级下册第二单元选编了一系列生动有趣的寓言故事类文本,为建构"文学阅读与创意表达"学习任务群提供了丰富的资源。因此,本单元以"文学阅读与创意表达"学习任务群组织教学活动。

(三) 内容的组织

统编教材三年级下册第二单元选编了古今中外的 7 个寓言故事,包括课文《守株待兔》《陶罐和铁罐》《鹿角和鹿腿》《池子与河流》,课后"阅读链接"中的《南辕北辙》《北风和太阳》,以及"快乐读书吧"中的《叶公好龙》。这些寓言故事为建构"文学阅读与创意表达"学习任务群提供了丰富的资源。

-------------------- ➜ 二、目标与评价 --------------------

	单元学习目标	单元学习评价
1	认识 27 个生字,读准 3 个多音字,会写 32 个字,会写 29 个词语。能正确、流利、有感情地朗读课文,读懂文言文,背诵《守株待兔》。	★ 能在具体的情境中,自主学习生字新词,读准多音字。 ★ 能借助思维导图、表格等形式梳理课文主要内容,能结合情境背诵《守株待兔》。
2	能结合相关语句体会人物不同的性格特点,读懂故事,并能联系生活中的人和事深入理解其中的道理。	★ 能熟读单元中的 7 个寓言故事,完成"人物处事表""人物心情图",把握人物特点。
3	能结合自己的阅读体验,梳理、总结对寓言的体会和认识。	★ 绘制"寓言特点图",逐步加深对寓言的认识。 ★ 小组合作,给寓言故事归类,说出理由。
4	能产生阅读寓言的兴趣,感受阅读寓言的快乐,乐于与大家分享阅读成果。	★ 围绕寓言开展故事分享会。 ★ 情境应用。

　　走进寓言故事,从故事中发现文本特点,可以从不同角度创设不同的学习情境。由此,围绕"掀起'寓言'的盖头来"学习主题,设计了四个前后连贯的情境任务,建构了学习主题统领下的任务单元:

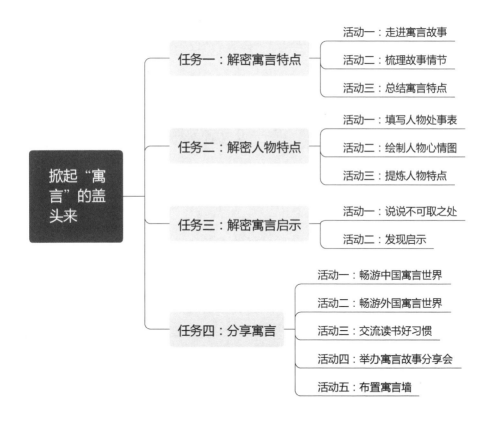

　　为了更好地完成四个学习任务,我们将情境任务作了活动分解,设计了结构化的活动链。

　　任务一:解密寓言特点。了解古今中外那些会讲寓言故事的人,列出那些经典寓言。走进课文中的寓言,发现寓言故事的特点。

任务二：解密人物特点。寓言故事中的人物形象鲜明。通过讨论、交流，发现人物的特点，进一步解密寓言故事的与众不同。

任务三：解密寓言启示。阅读寓言故事，发现人物不可取之处，总结其中的道理，获得启示。

任务四：分享寓言。大量阅读寓言故事，举办一次寓言故事分享会，养成爱读寓言、会讲寓言的好习惯。

四个学习任务，围绕"掀起'寓言'的盖头来"这个学习主题，前后连贯，层层递进，从"发现、感悟、启发、分享"四个层次去探究寓言中的秘密。同一任务中的多项学习活动相互关联，逐层深化，从讲述故事到发现寓言表达的特点、人物性格的特点，再到理解道理，运用寓言，带领学生在学习中提升文学阅读与创意表达的能力。

--------------------- ➡ 四、活动与建议 ---------------------

（一）活动设计

任务一　解密寓言特点

学习情境：同学们，这一单元我们要走进寓言故事。请你到图书馆里找一找寓言类的图书，读一读经典的寓言故事，然后在班级故事会上进行分享交流，做一个会讲故事的人。

活动一：走进寓言故事

1. 辨一辨。每人列出自己最喜欢的 10 个故事题目，小组讨论：哪些是寓言故事？哪些是童话故事？哪些是民间故事？哪些是神话故事？哪些是历史故事？将小组的发现填写在学习单上。

类型	寓言故事	童话故事	民间故事	神话故事	历史故事
特点	小故事大道理				
篇目	《刻舟求剑》 《亡羊补牢》 《掩耳盗铃》	《丑小鸭》 《小红帽》 《渔夫和金鱼》	《白蛇传》 《牛郎织女》 《田螺姑娘》	《羿射九日》 《女娲造人》 《嫦娥奔月》	《曹冲称象》 《司马光砸缸》

2. 查一查。借助网络查找中外经典寓言，与同学交流。

3. 理一理。将图书馆或班级里的故事类图书，按照故事类别进行整理摆放，建一个"寓言故事角"。

活动二：梳理故事情节

★《守株待兔》

1. 读一读。熟读古文《守株待兔》，读通故事，借助注释说说故事的主要内容。

2. 画一画。根据故事内容，抓住农夫的愿望、做法、结果，画一画情节图。

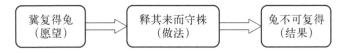

3. 讲一讲。根据情节图，讲讲《守株待兔》这个故事。

4. 练一练。阅读《南辕北辙》《守株待兔》这两个中国古代寓言故事，找一找它们有什么相同的地方，说说从这两个故事中发现的寓言特点。

★《陶罐和铁罐》

1. 读一读。熟读《陶罐和铁罐》，抓住陶罐、铁罐说话时的不同神态与语气，与同学合作，分角色朗读故事。

2. 画一画。根据陶罐和铁罐的前后变化，说一说它们质地与外形的特点以及对待别人的态度，合作完成故事情节图。

3. 讲一讲。根据情节图，按照时间顺序，抓住陶罐和铁罐的特点与变化，简要讲述这个故事。

4. 说说从这个故事中发现的寓言特点。

★《鹿角和鹿腿》

1. 学读学讲。熟读《鹿角和鹿腿》，根据鹿对待自己的角和腿的态度变化，抓住关键词，画一画情节图。根据情节图，练习有条理地讲述这个故事。

2. 说说从这个故事中发现的寓言特点。

★《池子与河流》

1. 自读自练。自己朗读寓言诗《池子与河流》，根据池子与河流的对话内容，抓住关键词，画一画情节图。根据情节图，讲一讲寓言诗中的故事。

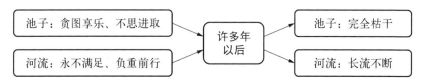

2. 说说从这个故事中发现的寓言特点。

活动三：总结寓言特点

1. 小组讨论寓言故事的表达特点，绘制思维导图。

2. 全班交流，形成图示：

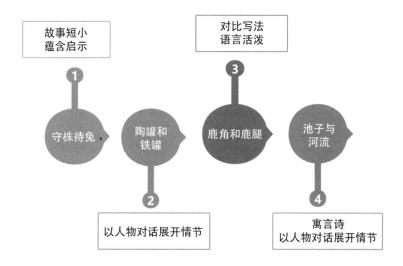

任务二　解密人物特点

学习情境：寓言故事中的人物形象鲜明。让我们通过讨论、交流，发现人物的特点，进一步解密寓言故事的与众不同。

活动一：填写人物处事表

1. 按照顺序，逐一重读寓言故事，想一想故事中的人物是怎么做事的，完成下表。

故事	人物	处事经过（小标题）
《守株待兔》	农夫	
《陶罐和铁罐》	陶罐	
	铁罐	
《鹿角和鹿腿》	鹿角	
	鹿腿	
《池子与河流》	池子	
	河流	

2. 交流、梳理信息，形成统一的认识。

活动二：绘制人物心情图

1. 寓言故事中的主人公在经历一些事情的时候，心情都是有起伏的。请根据主人公的经历，走进他们的内心，绘制人物心情图。

2. 交流、梳理信息。

活动三：提炼人物特点

1. 回顾人物处事表和人物心情图，说说这些故事中的主人公有怎样的特点。

2. 联系生活，说说身边类似的人或事。

任务三 解密寓言启示

学习情境：寓言故事给我们很多启发，读着这样的故事，我们常常有很多收获。让我们一起来解密寓言启示吧！

活动一：说说不可取之处

1. 阅读寓言故事，判断主人公哪些地方做得特别不好，说说不可取之处。

2. 四人小组进一步交流。

活动二：发现启示

1. 思考：如果你是故事中的主人公，你会怎么做？

2. 总结故事中的道理，发现寓言启示。

故事	道理
《守株待兔》	不要死守经验，不知变通，要主动努力才能实现自己的目标。
《南辕北辙》	做人不要固执己见，要善于听取别人的建议。做事要明确方向，行动和目标要一致。
《陶罐和铁罐》	每个人都有长处和短处，要善于看到别人的长处，正视自己的短处，互相尊重，和睦相处。
《鹿角和鹿腿》	事物各有自己的价值，不能只凭外表去判断事物的好坏。
《池子与河流》	不要贪图安逸、虚度年华，应当为社会多作贡献，为自己的生命增添光彩。

任务四 分 享 寓 言

学习情境：世界各地都流传着各种有趣的寓言故事，让我们开启寓言故事阅读之旅吧！我们可以边读边批注，交流阅读寓言的感受，还可以举办寓言故事分享会,布置寓言墙。

活动一:畅游中国寓言世界

1. 观察《中国古代寓言》的目录,发现寓言题目的特点:《中国古代寓言》中,很多寓言的题目是成语。

2. 细读《叶公好龙》,回顾寓言学法,揭示形象特点,说说从中体会到什么道理。

3. 联系生活,说说身边是否有这样的"叶公好龙"之人。

4. 自由阅读寓言,说说中国寓言故事的特点。

活动二:畅游外国寓言世界

1. 分组阅读《伊索寓言》《克雷洛夫寓言》,自由选择其中一个故事阅读。

2. 与中国寓言进行对比阅读,发现外国寓言的特点。

活动三:交流读书好习惯

1. 分享读书好习惯:制订阅读计划,如打算每天读几个故事,每天读几页,读多长时间;边读边圈画,随手作批注,写感受;制作阅读记录卡,把印象深刻的内容或感受记录下来,和同学们分享。

2. 小结读书好习惯。

3. 自由阅读。

活动四:举办寓言故事分享会

1. 明确寓言故事分享会的任务分工。

2. 分享寓言故事。

(1)商定选手推荐方案。每人准备两个故事,一个是课文中的"必选故事",另一个是课外书中的"自选故事"。先进行小组预赛,每人讲两个故事,推荐总分最高的同学参加班级决赛。

(2)讨论讲故事的评比标准。从基本要求和特色效果两个方面,确定评价标准。

寓言故事分享会评价标准

基本要求	特色效果
声音响亮：☆☆☆☆☆	人物语气绘声绘色：☆☆☆☆☆
熟练流利：☆☆☆☆☆	形象模仿惟妙惟肖：☆☆☆☆☆
神态自然：☆☆☆☆☆	观众感受入情入境：☆☆☆☆☆

（3）举办班级寓言故事分享会。先确定参加决赛的选手和故事清单，然后选定主持人，最后组织班级寓言故事分享会，评选出"故事大王"。

寓言故事分享会节目单				
序号	组别	寓言故事题目	讲述方式	讲述者
1				
2				
…				

（4）获奖同学分享经验。请班级"故事大王"分享自己读寓言、讲故事的经历和经验。有条件的话，将"故事大王"的讲述视频上传校园网或互联网，分享给更多的人。

活动五：布置寓言墙

1. 将教室外面的墙壁布置成寓言墙。
2. 将全班学生分为项目美化组、故事分享组、读后感受组、寓言解密组。
3. 各组分头完成任务并展示成果。

（二）教学建议

1. 语言文字积累与梳理。"文学阅读与创意表达"是核心，而"语言文字积累与梳理"是每个单元的重要基石。（1）读通、读懂小古文《守株待兔》：借助注释读懂课文，重点理解"释""耒"等难理解的字，"走"和"因"古今不同义；以"谁＋怎么样"的句子结构，把握每句话的意思；把握句内停顿，熟读并背诵小古文。（2）按角色特征积累词语,例如:铁罐态度"傲慢",对待陶罐"轻蔑、奚落";而陶罐"光洁、朴素、美观",对待朋友"谦虚",想与朋友"和睦相处"。鹿角"精美别致",最后"被树枝挂住";而鹿腿"难看",因为"有力",最后"狮口逃生"。河流"滚滚滔滔、遵循规律",最终"长流不断";而池子"安闲、无忧无虑",最终"完全枯干"。(3)积累同一结构的词语:第一组"源源不断、津津有味",第二组"无忧无虑、无边无际"。(4)日积月累:邯郸学步、滥竽充数、掩耳盗铃、自相矛盾、刻舟求剑、画蛇添足、杞人忧天、井底之蛙、杯弓蛇影。

2. 单元课时整体安排建议。"任务一:解密寓言特点"6课时,"任务二:解密人物特点"1课时,"任务三:解密寓言启示"1课时,"任务四:分享寓言"2课时。

3. 单元任务群学习策略。本单元是寓言单元,旨在引导学生进一步认识和了解寓言,帮助学生形成对寓言这种文学体裁的初步认识。针对本单元的教学,我们设计了四个任务,运用了多种教学支架帮助学生梳理信息,发现文本特点。通过搭建结构化支架,促进学生形成语言学习链,做到前后关联、比较分析、把握规律,进而扣住重点、抓住整体进行学习。

第五讲　神奇之旅：漫游神话王国

——统编教材四年级上册第四单元"文学阅读与创意
表达"学习任务群设计

➡ 一、主题与内容

（一）主题的确立

统编教材四年级上册第四单元为神话单元。根据课文的特点，设计"神奇之旅：漫游神话王国"这一学习主题。

一是从课标角度来看，"新课标"指出：通过语文学习，热爱中华文化，继承和弘扬中华优秀传统文化，初步了解和借鉴人类文明优秀成果。作为中华优秀传统文化重要组成部分的中国神话，涉及世界的起源、人类的产生以及人类与大自然的抗争等内容，是中华文化的根系与血脉，凝聚了中华民族一直以来认同并奉行的思想观念和民族精神。它激励着后代子孙勤劳勇敢、迎难而上，也为后世文学提供了丰富的素材。

二是从教材角度来看，本单元以神话为主题，编排了精读课文《盘古开天地》《精卫填海》《普罗米修斯》和略读课文《女娲补天》。在教学时，教师需要引导学生在整体感知神话特点的同时，感受神话的神圣庄严和宏大气魄，明确神话体现了古代劳动人民对自然和世界的独特理解与神奇想象。

三是从学段衔接来看，编者将本单元的阅读要素定为"了解故事的起因、经过、结果，学习把握文章的主要内容"和"感受神话中神奇的想象和鲜明的人物形象"，将本单元的习作要素定为"展开想象，写一个故事"。这样的定位是在三年级学习了"了解文章主要内容"基础上的提升，同时为第七单元学习"关注主要人物和事件，学习把握文章的主要内容"作铺垫。因此，本单元学习具有承上启下的作用。可见，"想象""神奇""人物"是本单元教学内容的关键词。

结合以上分析,笔者认为,本单元的神话教学中可采用梳理情节、关注人物、联系插图、有效拓展等方法,引导学生感受神奇的想象和鲜明的人物形象,带领学生走进广阔的神话世界。

(二)内容的归属

统编教材四年级上册第四单元选编了四篇神话:盘古劈开天地,以身化万物,无私献身;精卫衔木石以填海,锲而不舍;普罗米修斯盗取火种,为民造福,无怨无悔;女娲炼石补天,拯救人类于水深火热之中,勇敢无畏。另外,"快乐读书吧"中有对神话阅读的拓展,《语文园地》中还有"交流平台""日积月累"等板块,为建构"文学阅读与创意表达"学习任务群提供了丰富的资源。因此,本单元以"文学阅读与创意表达"学习任务群组织教学活动。

(三)内容的组织

本单元中,有文言文,有古诗,还有用现代文叙述的故事。《语文园地》中的"词句段运用",单元习作"我和_____过一天",以及"快乐读书吧"中的"相信你可以读更多",都在为"文学阅读与创意表达"搭建支架。课后"阅读链接"选编了《神话选译百题》中"燧人钻木取火"的故事,使学生感受到了不同的神奇。这些内容均适合通过重组、变序等方式,实现"文学阅读与创意表达"学习任务群的要求。

-------------------- ➡ 二、目标与评价 --------------------

	单元学习目标	单元学习评价
1	能认识 41 个生字,读准 2 个多音字,会写 32 个字,会写 27 个词语。能通过经验积累,初步养成在阅读中运用一定方法自主识字学词的习惯。能积累"词句段运用"中的成语,大致了解相关的神话人物或故事。	★ 能学习与"花"有关的 8 个词语,认识其中的 10 个生字,并利用形声字的特点自主识记生字。 ★ 能在具体的情境中自主学习生字新词,通过学习单辨析易错读音和字形。 ★ 积累相关的成语,进一步感受神话人物的鲜明形象。

	单元学习目标	单元学习评价
2	能了解故事的起因、经过和结果，学习把握文章的主要内容，完整地讲述故事。能通过不同的方式，感受神话中神奇的想象和鲜明的人物形象，把握神话的神奇之处。	★ 能把握课文的主要内容，结合自己的阅读体验，交流对神话的认识。 ★ 在阅读过程中，通过不同的方式把握故事情节，体会人物形象，感受神话的神奇之处。
3	能阅读《中国神话传说》和《世界经典神话与传说故事》，积极分享阅读体验。能关联已学过的神话故事，用自己喜欢的方式介绍神话人物，或是分享人物关系图、故事情节图等。	★ 对阅读中国神话和世界经典神话产生更浓的兴趣，在边读边想象中持续感受神话的神奇之处，收获阅读神话故事的快乐。 ★ 乐于分享阅读的收获，并从同伴的交流中获得更多启发。
4	能结合自己的阅读经验，收集题材并挑选最感兴趣的一个进行练笔。动笔过程中，能借助课文样例，写出故事的神奇之处。	★ 在单元学习过程中，能坚持阅读神话，并选择一个自己喜欢的神话人物，展开想象，写一个故事。写完后和同伴交流，再根据大家的建议进行修改。

三、情境与任务

　　"神奇之旅：漫游神话王国"学习主题的关键词是"神奇"和"漫游"。走进神话王国，开启神话阅读之旅，为每一个神话故事着迷，为每一个神话人物点赞。

　　秉持"由事及情""借法及用""由易到难"的原则，阶梯式创设学习情境：一是先从篇章页和"快乐读书吧"入手，引导学生入境，开启阅读之旅。二是分三部分学习单元课文。第一部分学习《盘古开天地》。第二部分学习《女娲补天》《精卫填海》，这两篇内容可以和《语文园地》部分内容以及"快乐读书吧"中期的阅读分享整合。第三部分学习《普罗米修斯》，结合"燧人钻木取火"的故事，引导学生把古希腊神话人物与中国神话人物进行对比。三是学习习作"我和＿＿＿＿＿过一天"，结合评价表关注运用单元阅读所得，实现创意表达。有条件的话，还可以对"快乐读书吧"再作一次阅读反思与分享，鼓励学生持续阅读。

由此，围绕"神奇之旅：漫游神话王国"学习主题，设计了三个前后连贯的情境任务，建构了学习主题统领下的任务单元：

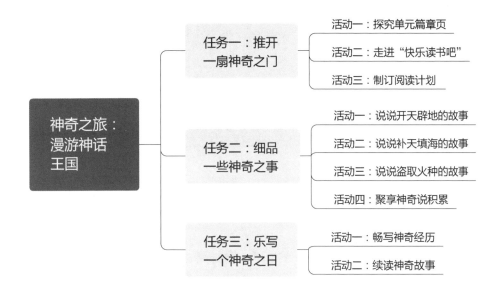

为了更好地完成三个学习任务，我们将情境任务作了活动分解，设计了结构化的活动链。

任务一：推开一扇神奇之门。先让学生自主预学单元课文，并交流易错的生字新词，了解单元篇章页的内容和要求；再结合"快乐读书吧"引入"迎接学校读书节，漫游神话王国，讲演神奇故事"的真实情境，根据《中国神话传说》《世界经典神话与传说故事》的内容，引导学生制订个人的阅读计划，运用适合自己的方法开启阅读之旅。

任务二：细品一些神奇之事。引导学生借助图片等资料，品读盘古开天地的过程，感受他的伟大形象和献身精神；补充女娲炼石补天的过程，理解精卫填海的情节，感受女娲的奉献精神和精卫的坚韧执着；了解普罗米修斯"盗火"的起因、经过和结果，体会他的勇敢无畏；结合《语文园地》开展阅读分享活动，关注积累和阅读进度。

任务三：乐写一个神奇之日。引导学生自主阅读课本中的写作要求，结合阅读经验讨论选材,并模仿单元课文的写法,以"起因、经过、结果"的形式布局"那一天"发生的事情,使写作有支架、有目标。写作还是新一轮的阅读出发点,通过进一步的阅读分享,激发更浓的阅读兴趣,鼓励学生读得更多、读得更深。

三个学习任务围绕主题前后连贯、层层递进,引导学生从"听、说、写"三个层次展开理解与积累。同一任务中的多项学习活动相互关联、逐层深化,从细读情节到感悟形象,再到表达运用,带领学生在学习中提升文学阅读与创意表达的能力。

> **四、活动与建议**

（一）活动设计

任务一　推开一扇神奇之门

学习情境:同学们,你们可能问过这样的问题——世界是如何起源的? 人类是怎样产生的? 神和英雄是怎样生活的? 趁着学校读书节活动已经拉开序幕,让我们相约走进神话王国。相信大家都爱看神话,爱读神话,喜欢在神话故事中编织自己的梦想。就让我们一起推开这扇神奇之门,去欣赏那些神奇的神话故事吧!

活动一:探究单元篇章页

1. 看一看。仔细观察课本第四单元篇章页,想一想:上面画了什么? 你有哪些疑问? 这个单元有什么学习任务?

2. 说一说。不一定要说得全、说得精准,只要把自己了解到的说清楚即可。教师总结补充,并介绍:插图中画的都是古时候人们崇拜的神,有大家熟悉的龙、人首蛇身的伏羲,也有刚刚认识的印度神猴哈奴曼、人身鹰头的古埃及守护神荷鲁斯。我们将在奇幻世界里,认识更多的神和英雄,看到更多神奇的故事。

活动二：走进"快乐读书吧"

1. 选一选。神话中写了很多个性鲜明的神灵或英雄,还有非常有趣的想象。找一找关于神话传说的书籍,如《中国神话传说》《世界经典神话与传说故事》等,发现神话的神奇之处。

2. 赏一赏。读一读"快乐读书吧"中的"神农尝百草"故事,说说神农哪些地方特别厉害。再听微课《刑天争夺帝位》和《西芙的金发》片段,说说自己喜欢的部分。

3. 猜一猜。

(1)观察《山海经》绘图本中的人物插图,猜猜这些人物是谁。如果猜不出,也可以说说他们的样子。

(2)根据《阿里巴巴与四十大盗》《辛格比捉弄北风》等故事题目,猜猜故事会写些什么,并验证自己猜得对不对。

活动三：制订阅读计划

1. 订一订。制订好阅读计划,再分组讨论计划,根据总页数估算读完整本书所需的时间,然后合理安排每天的阅读量。

2. 读一读。把握好阅读的节奏和进度,以小组为单位,定期检查计划执行情况。阅读过程中,做到"不动笔墨不读书",写写批注,或者画一画神话中的人物关系图、故事情节图,还可以追踪一个人物,制作人物名片。

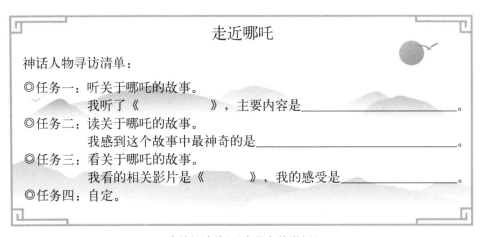

走近哪吒

神话人物寻访清单：

◎任务一：听关于哪吒的故事。
　　　　　我听了《　　　　》,主要内容是_____。

◎任务二：读关于哪吒的故事。
　　　　　我感到这个故事中最神奇的是_____。

◎任务三：看关于哪吒的故事。
　　　　　我看的相关影片是《　　　》,我的感受是_____。

◎任务四：自定。

我的阅读笔记(人物名片举例)

任务二　细品一些神奇之事

学习情境：一个个神话就是一颗颗璀璨的明珠,穿越千年的光阴让我们感受到远古的气息。让我们走近这些神话人物,感悟他们的高大形象。

活动一：说说开天辟地的故事

1. 读一读。读一读《盘古开天地》,说说对盘古的最初印象。比如:勇敢无畏、魁梧高大、勇于献身等。

2. 理一理。再读课文,想想盘古开天地的过程,填写"起因、经过、结果"分析表或课文情节图。

"起因、经过、结果"分析表

篇目	起因	经过	结果
《羿射九日》	十个太阳炙烤着大地,人类的日子很艰难。	羿射下了九个太阳,留下了最后一个。	大地上重新现出勃勃生机。
《盘古开天地》			

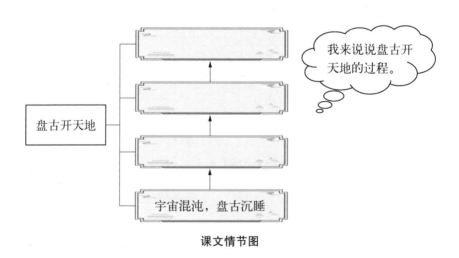

课文情节图

3. 悟一悟。想一想盘古开天地的过程中,哪些地方特别神奇。完成下页表。

篇目	重点讲述的内容	神奇的地方	我的感受
《盘古开天地》	盘古沉睡		
	盘古开天地		
	盘古撑天地		
	盘古化万物		

讨论举例：

◎盘古沉睡

宇宙混沌一片，像个大鸡蛋。有个叫盘古的巨人，在混沌之中睡了一万八千年。

（运用比喻，形象地写出了天地合一的情景。一个巨人可以睡那么久，太神奇了！）

◎开天辟地

轻而清的东西，缓缓上升，变成了天；重而浊的东西，慢慢下降，变成了地。

（"轻"和"重"、"清"和"浊"、"上升"和"下降"意思相反，对比明显，写出了天地形成的过程。）

◎顶天立地

天每天升高一丈，地每天加厚一丈，盘古的身体也跟着长高。

（盘古每天会随天地长高，那是多么魁伟高大啊！）

盘古这个巍峨的巨人就像一根柱子，撑在天和地之间，不让它们重新合拢。

（又过了一万八千年，盘古像柱子一样撑着天和地，何等坚定！何等高大！）

◎化作万物

他呼出的气息变成了四季的风和飘动的云；他发出的声音化作了隆隆的雷声；他的左眼变成了太阳，照耀大地，他的右眼变成了月亮，给夜晚带来光明；他的四肢和躯干变成了大地的四极和五方的名山；他的血液变成了奔流不息的江河；他的汗毛变成了茂盛的花草树木；他的汗水变成了滋润万物的雨露⋯⋯

（盘古用他的整个身体创造了美丽的世界！他无畏牺牲、勇于献身，令人感佩不已。）

活动二：说说补天填海的故事

★《女娲补天》

1. 说一说。从上一课的课外阅读拓展入手，说说耳熟能详的神话，再结合图片猜一猜故事，引入另一个神话——《女娲补天》。

2. 聊一聊。从"女娲补天"图片切入，聊一聊对女娲这个神话人物的认识。

3. 读一读。默读课文，思考故事的起因、经过和结果，借助表格梳理女娲补天的过程。

项目	内容
起因	共工撞断了不周山，导致天塌地裂、洪水泛滥、野兽出没，世界陷入了一片混乱和恐怖之中。
经过	女娲寻找五彩石，炼石补天，断龟足撑天，又杀死黑龙，烧芦苇堵地缝。
结果	天和地恢复了平静，人类获得了新生。

4. 想一想。小组合作，试着把女娲从各地捡来五种颜色的石头的过程说清楚、说生动。思考：女娲是怎么找到五种颜色的石头的？女娲遇到了哪些困难？她是怎样克服的呢？

5. 比一比。读读文言文版本的《女娲补天》，找一找对应的段落和描写。

6. 说一说。阅读《女娲造人》，说说女娲造人的经过，并联系课文，说说心目中的女娲。

★《精卫填海》

1. 猜一猜。读下列词语，猜猜相关的人物或故事。

腾云驾雾　　　　上天入地　　　　神机妙算　　　　各显神通
三头六臂　　　　神通广大　　　　未卜先知　　　　刀枪不入

2. 聊一聊。聊一聊对《山海经》的认识，说一说其中的神话传说。

3. 读一读。读一读《精卫填海》，读准字音，读好停顿。借助注释初步理解故事大意，进一步熟读课文。

炎帝之/少（shào）女，名曰（yuē）/女娃。女娃/游于东海，溺（nì）/而不返，故/为（wéi）精卫，常衔/西山之木石，以/堙（yīn）于东海。

4. 说一说。先填一填情节图，理解"溺""堙"的意思，再抓住关键词用自己的话说说这个故事，背诵这篇课文。

《精卫填海》情节图

5. 赏一赏。欣赏与"精卫填海"故事相关的古诗《山海（节选）》，拓展阅读《嫦娥》这首诗，了解诗中的故事，说说嫦娥的内心活动。

山海（节选）
[宋] 张耒

愚公移山宁不智，精卫填海未必痴。深谷为陵岸为谷，海水亦有扬尘时。

嫦 娥
[唐] 李商隐

云母屏风烛影深，长河渐落晓星沉。嫦娥应悔偷灵药，碧海青天夜夜心。

6. 找一找。课后继续阅读，留心收集喜欢的神话。

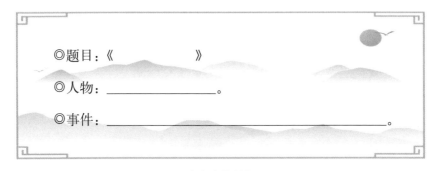

◎题目：《　　　　　　》

◎人物：＿＿＿＿＿＿＿。

◎事件：＿＿＿＿＿＿＿＿＿＿＿＿＿＿＿。

读书卡片样例

活动三：说说盗取火种的故事

1. 聊一聊。

◎古希腊神话：有关古希腊的神、英雄、自然和宇宙历史的神话，分神的故事和英雄传说两部分，是世界文学艺术宝库中的一朵奇葩。

◎普罗米修斯：古希腊神话中的神明之一,名字的意思是"先见之明"。他为人类盗取火种,因而遭到了宙斯的惩罚。

2. 读一读。初读课文《普罗米修斯》,自主学习生字新词,想想它们分别在哪些段落。重点词如下:

悲惨	盗取	猛兽
敬佩	归还	饶恕
愤愤不平	锁链	获得

3. 理一理。找一找课文中出现了哪些人物,他们分别做了什么。借助人物行为说说课文的大致内容。

普罗米修斯——取走火种,带到人间;

宙斯——给普罗米修斯最严厉的惩罚;

赫淮斯托斯——劝说普罗米修斯归还火种;

赫拉克勒斯——解救普罗米修斯。

4. 填一填。再次快速浏览课文,按照顺序填写示意图,说说故事的起因、经过和结果。

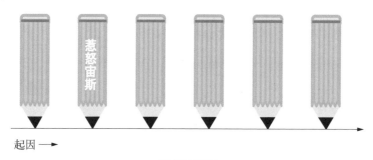

课文示意图

5. 品一品。品读课文中令人动容的情节,用绘制表格或批注的方式记录感受。

讨论举例:

◎有一天,当太阳车从天空驰过的时候,普罗米修斯跑到太阳车那里,从喷射着火焰的车轮上,拿了一颗火星,带到人间。

(普罗米修斯从"喷射着火焰"的车轮上取火种,肯定要冒着生命危险。他是多么勇敢啊!)

◎普罗米修斯摇摇头,坚定地回答:"为人类造福,有什么错?我可以忍受各种痛苦,但决不会承认错误,更不会归还火种!"

(普罗米修斯宁受痛苦折磨也不归还火种,可见他坚守正义、意志坚定。)

普罗米修斯在高加索山上忍受种种折磨,依然不屈服的情节也令人动容。

6. 说一说。阅读课后"阅读链接"中"燧人钻木取火"的故事,说说燧人和普罗米修斯的共同点与不同点,聊聊故事中的神奇之处。

活动四:聚享神奇说积累

1. 议一议。根据《语文园地》中的"交流平台"提示及"词句段运用"第二题,展开同桌、小组间的讨论,然后在班级里进行汇报。

2. 理一理。根据对表格内容的讨论,梳理出比较受欢迎的神话,思考它们有什么共同之处,推荐阅读其他相关的神话。

我喜欢的神话	神奇之处	人物形象

任务三　乐写一个神奇之日

学习情境: 我们读了很多神话,里面的人物有的本领高强、爱憎分明,有的机智聪明、惩恶扬善,有的美丽纯洁、温柔善良。你了解他们吗?如果有机会和他们中的某一位过上一天,你会选择谁?你们会一起去哪里?会做些什么?会发生什么故事呢?

活动一:畅写神奇经历

1. 写一写。找出近阶段的读书卡片、批注等,翻看手头的神话故事书,找一找自己喜欢的人物,围绕最想写的那个人物展开想象,写一个故事。

2. 说一说。回忆课文中几位神话人物的神奇之处和形象特点，详细地说说自己选的那个人物有什么特别的地方。

3. 议一议。借助评价表，讨论怎样的故事才算好故事。

"我和_____过一天"单元习作评价表

习作主题	我和_____过一天			
习作要求	1. 写清楚起因、经过和结果；　　2. 有神奇的想象和鲜明的人物形象。			
评价内容	习作评价细则	自评	互评	师评
选材	选材有趣有味，符合神话人物特点。			
	记录一天之内发生的故事。			

4. 改一改。根据同学的建议，有针对性地修改习作，最后认真地誊抄下来。

活动二：续读神奇故事

1. 比一比。读一读课外书，将书中的故事和课本中的故事进行比较，比如《精卫填海》在课本中是文言文，在《中国神话传说》里是现代文；而同样是取火种，中外神话中的描述是不一样的……从中发现更多比较的角度，读出更多有意思的内容。

2. 展一展。一段时间后，将读书卡片展示出来，讲一讲自己印象深刻的神话人物。还可以和同学演一演，搞一次展示活动课。

3. 评一评。看谁是"速度之星""批注高手""最佳演员"。还可以拓展阅读《奥丁的子女》《霍桑的希腊神话》等。

（二）教学建议

1. 以统整的眼光来看整个单元的各个单篇。通过对本单元的分析，我们可以发现"想象""神奇""人物"是本单元教学内容的关键词。在本单元的神话教学中，可采用梳理情节、关注人物、联系插图、有效拓展等方法，引导学生感受神奇的想象和鲜明的人物形象，并习得语言表达方法，带领学生走进广阔的神话世界。

2. 单元课时整体安排建议。"任务一：推开一扇神奇之门"1 课时，"任务二：细品一些神奇之事"6.5 课时,"任务三：乐写一个神奇之日"2.5 课时。

3. 教师应强化单元主题引领意识,对单元阅读教学进行重构,使单元文本形成结构化的体系,不断关联和拓展其他故事,进一步巩固落实单元语文要素,加深学生对中国传统文化及世界经典文化的认识。

第六讲　轻叩诗歌大门

——统编教材四年级下册第三单元"文学阅读与创意
表达"学习任务群设计

一、主题与内容

（一）主题的确立

统编教材四年级下册第三单元为现代诗单元。根据现代诗的文体特点，设计"轻叩诗歌大门"这一学习主题。

一是从内容与形式来看，现代诗是个性而自由的。它不同于学生经常接触的记叙文，没有较长的语句，每个诗句往往比较简短，这使学生对现代诗的诵读有天然的亲近感。从格律上看，它也不像古诗词那般严谨、规范，相对比较自由，容易满足学生的表达欲望。而且，现代诗内容丰富多彩，能唤起读者的丰富想象，使其产生共鸣。

二是从情感表现来看，现代诗是热烈而饱满的。它总是通过艺术形象反映生活、抒发情感、言说志趣。在表达情感时，有时直抒胸臆，十分热烈；有时通过一定的意象传达，很是真切；有时运用比喻、拟人、夸张、排比等修辞手法，非常饱满。我们往往会通过诵读、想象等形式感受诗中的情感，而这又是学生熟稔的学习方法。

三是从语言表达来看，现代诗是简洁而丰富的。它凝练、含蓄，甚至有着强烈的跳跃性，但内涵却极为丰富，值得读者一再品味、咀嚼。在学生反复的诵读过程中，诗"简洁"却又"丰富"的语言特色会引导他们入情入境，静静地感受、体会。

（二）内容的归属

《义务教育语文课程标准(2022年版)》中第二学段的"文学阅读与创意表达"任务群包括三个方面的学习内容,其中两个内容与"诗"有关。一是"阅读描绘大自然、表现人类美好情感的诗歌、散文等文学作品,结合自己的生活体验,尝试用文学语言表达自己热爱自然、珍爱生命的情感"。这个学习内容旨在引导学生通过阅读诗歌、散文等文学作品,激发情感体验,用充满诗意的文学语言表达自己的情感。二是"阅读富有想象力和表现力的儿童文学作品,欣赏富有童趣的语言与形象,感受纯真美好的童心,学习用口头或者图文结合的方式创编儿童诗和有趣的故事,发展想象力"。这个学习内容旨在引导学生通过欣赏诗歌,感受语言特色,并尝试创作诗歌,发展想象力。

统编教材四年级下册第三单元选编了一组以"自然"为中心意象的现代诗,同时还安排了收集诗歌、尝试写诗、举办朗诵会等综合性学习活动,为建构"文学阅读与创意表达"学习任务群提供了丰富的资源。因此,本单元以"文学阅读与创意表达"学习任务群组织教学活动。

（三）内容的组织

统编教材四年级下册第三单元选编了不同作家、不同风格的现代诗歌作品,有冰心的《短诗三首》,艾青的《绿》,苏联诗人叶赛宁的《白桦》,戴望舒的《在天晴了的时候》,以及课后"阅读链接"中宗璞的《西湖漫笔》。《短诗三首》课后"活动提示"要求开展综合性学习,收集摘抄现代诗;《白桦》课后"活动提示"鼓励学生写写诗;《综合性学习:轻叩诗歌大门》要求合作编小诗集,举办诗歌朗诵会。这些内容为建构"文学阅读与创意表达"学习任务群提供了丰富的资源。

	单元学习目标	单元学习评价
1	能通过朗读体会诗歌的韵味,并背诵优秀的现代诗。能借助关键词句,展开丰富的想象,体会诗歌表达的情感。能通过比较阅读,了解现代诗的语言、形式特点。	★ 能流利地朗读现代诗,并背诵喜欢的诗歌。 ★ 能借助关键词句,体会诗歌表达的情感,并能在朗读、背诵中表现这种情感。 ★ 了解现代诗的语言、形式特点,能根据诗句展开丰富的想象,增进对诗的理解。
2	能多途径收集、摘抄自己喜欢的现代诗,并按照主题、题材等进行分类整理。与同学交流收集的诗歌,加深对诗歌的理解、感受,并能合作完成小诗集的编写与美化。	★ 熟读本单元的诗作,收集、摘抄自己喜欢的现代诗。 ★ 按照主题、题材等对收集、摘抄的诗作进行分类整理,并与同学展开交流。 ★ 与同学合作完成小诗集的编写与美化,开展欣赏与评价活动。
3	能仿照示例,续写、仿写现代诗,并尝试从学习、生活中寻找灵感,创作形象鲜明、能表达自己个性情感的现代诗。	★ 能借助示例,对诗作进行续写、仿写。 ★ 能以学习、生活为基点,创作现代诗。 ★ 能根据现代诗的特点,对自己的诗作进行修改,使情感表达更自然。 ★ 开展评比活动,发现优秀的小诗人。
4	能和同学合作举办班级诗歌朗诵会,用合适的语气朗诵诗歌,根据诗的内容与情感配置道具,编排动作、表情,使朗诵自然大方。	★ 能和同学合作制订班级诗歌朗诵会方案。 ★ 能和同学一起设计、制作道具,布置比赛场地,为朗诵会顺利开展作好准备。 ★ 能声情并茂地朗诵诗歌,配以适当的动作、表情,使朗诵自然大方。

　　"轻叩诗歌大门"学习主题的关键词是"轻叩",这就给此次任务群学习定了基调,是"初步了解",不对诗歌内容进行过度解读,不对诗歌表现进行过多探究,不对诗歌知识进行过度拓展,不对诗歌语言进行过多分析,而是要尽量贴近儿童的鉴赏水平。所以,本次学习侧重朗读朗诵、收集整理、仿创学写,激发学生对现代诗的兴趣。

　　由此,围绕"轻叩诗歌大门"学习主题,设计了三个前后连贯的情境任务,建构了学习主题统领下的任务单元:

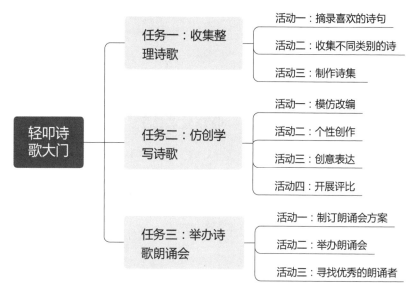

　　为了更好地完成三个学习任务,我们将情境任务作了活动分解,设计了结构化的活动链。

　　任务一:收集整理诗歌。先让学生摘录自己喜欢的诗句;然后根据不同类别,收集几组喜欢的现代诗;最后制作一本有封面、目录、配图,甚至有自己与同学的点评的诗集,养成积累的好习惯。

　　任务二:仿创学写诗歌。先让学生根据提供的诗作进行仿写,在此基础上对一些文段进行形式上的改编与内容上的调整;然后提供一些有趣的模板,鼓励学生进行个性化创作;再把一些合适的儿童歌曲引入课堂,让学生跟着唱一唱,或者让学生根据诗作绘制插图;最后对仿、创、画、唱的作品进行点评赏鉴,评出一批个性鲜明的小诗人。

任务三:举办诗歌朗诵会。先让学生合作制订朗诵会方案;再举办一场趣味盎然的朗诵会;最后根据学生的不同表现,评出一批优秀的朗诵者。

三个学习任务围绕"轻叩诗歌大门"这个学习主题前后连贯、层层递进,引导学生从收集整理、仿创学写、诗歌朗诵三个角度去接触、了解现代诗。同一任务中的多项学习活动相互关联,带领学生在诗歌的海洋中全方位感受语言、体会情感。

⇒ 四、活动与建议

(一) 活动设计

任务一 收集整理诗歌

学习情境:近现代,人们的思想与身心都获得了前所未有的解放,在文学创作上也在呼唤着自由与个性。这个时候,现代诗应运而生,它的格式非常自由,它的情感热烈奔放,深受文人作家的热捧。

活动一:摘录喜欢的诗句

1. 摘一摘。阅读报纸、杂志、书籍中的现代诗作,把喜欢的诗句摘录下来。摘录时除了诗句,还应将作者、出处等信息也写下来,整理成表格。

日期	我喜欢的诗句	作者	国家	出处	喜欢的理由	想把它送给谁

2. 聊一聊。借助学习资料,进一步了解诗句含义。结合学习、生活实际,与同学互相聊一聊自己喜欢的诗句。

3. 做一做。挑选一句喜欢的诗句,动手制作一张书签,在班级里进行展示。

活动二:收集不同类别的诗

1. 抄一抄。准备活页摘抄纸,把喜欢的现代诗工整地抄写下来,注意写清楚作者和出处。要求有不同国家的诗人,有不同类型的诗。

2. 分一分。先试着给课本里的现代诗归类,如《短诗三首》是写母爱的,《绿》是写色彩的,《白桦》是写植物的,《在天晴了的时候》是写景的。再想一想自己读到的、摘抄的其他现代诗又可以归到什么类别,制作相应的表格。

主题	诗题			
母爱	《短诗三首》			
色彩	《绿》			
植物	《白桦》			
景色	《在天晴了的时候》			

3. 读一读。朗读现代诗,注意处理好诗句的节奏,初步掌握读诗的技巧。

4. 比一比。在学习小组内进行现代诗朗读比试,互相学习,共同进步,为举办诗歌朗诵会作准备。

活动三:制作诗集

1. 理一理。将摘录的诗句与收集的诗作分门别类进行整理。

2. 排一排。将整理好的诗句与诗作按一定的顺序排列,制作一份完整的目录,并一一标好页码。

3. 画一画。为整理好的诗集绘制合适的花边、插图，并设计一张封面，取一个充满诗意的名字。然后自己独立装订，或请老师、家长帮忙装订。

4. 展一展。将制作好的诗集在班级、校内进行展示，并向前来参观的同学推介现代诗。

任务二　仿创学写诗歌

学习情境：阅读了这么多现代诗，也许你已经心痒难耐，也想一试身手了吧！同学们，就让我们展开丰富的想象，表达充分的情感，写下自己真实的感受。来，试着做个小诗人吧！

活动一：模仿改编

1. 仿一仿。重读《短诗三首》，选择其中一首（以第一首为例）进行仿写，同时注意诗句的分行、排列特点，进行格式上的模仿。

（1）内容上的模仿。

一星：想起妈妈，你的脑海中会浮现哪些事物？我们把这些事物称为"意象"，这些意象都寄托着对妈妈的思念与爱。模仿诗中"月明的园中""藤萝的叶下""母亲的膝上"，用充满情感的意象来写诗。

二星：这首诗是怀念母亲的，我们也会思念其他亲朋好友。你想到了谁？想到了与他（她）有关的什么呢？试着来写一写。

三星：这首诗是写回忆的，在生活和学习中，还有许多可以写的内容，一场足球赛、一次远足……让我们采撷其中印象深刻的事物，试着写一首小诗。

（2）格式上的模仿。

一星：模仿第一首诗中的"阶梯状"诗句排列方式。

二星：模仿第二、第三首诗中的诗句排列方式。

三星：模仿课外阅读到的、诗集中摘录的具有独特排列方式的诗作。

2. 改一改。重读《绿》，试着进行改写。

一星：对"刮的风是绿的，下的雨是绿的，流的水是绿的，阳光也是绿的"进行改写，想一想还会有什么也是绿的，试着写下类似的四句诗。

二星：试着改换情境，对《绿》进行全诗改写。如："太阳升起来，到处都是红的……""丰收的季节到了,田野里到处都是黄澄澄的……""春姑娘翩然来到人间,到处都是彩色的……"

三星:试着用诗的形式改写第2课《乡下人家》的第5自然段,或第3课《天窗》的第7自然段,或第4课《三月桃花水》,注意格式要富于变化。写好后读一读,试着读出诗的韵味。

3.续一续。重读《在天晴了的时候》,试着续写"到小径中去走走吧"。

一星:根据老师提供的图画,续写一小节。

二星:联系第1课《古诗词三首》中描绘的田园风光,续写一至两小节。

三星:联系生活中自己看到过的雨后天晴的景象,续写一至两小节。

活动二:个性创作

1.读一读。一起诵读一组优秀的诗,体会诗中的个性色彩与独特韵味:《童年的水墨画》《爸爸的鼾声》《太阳的话》《我们去看海》《致老鼠》《天上的街市》《再别康桥》《帐篷》《纸船——寄母亲》《假如生活欺骗了你》《乡愁》……

2.聊一聊。交流对现代诗歌的阅读与学习感受。思考:如果让你来写诗,你最想写哪些方面的?

3.写一写。拓展思路,试着创作。了解一些写诗的方法,如:

明喻法——描写事物的特点,适合描写实物和大自然景象。

暗喻法——表现丰富的联想。

疑问法——引起兴趣,深入思考。

4.品一品。互相诵读写好的诗,交流品评,品评时用星级表示。

一星:能按诗的格式写一节诗。

二星:能分节写诗,语言富有一定诗意。

三星:能分节写诗,语言有一定诗意,能表达出自己的真实情感。

活动三:创意表达

1.画一画。欣赏课本中的插图,选择课本中的、自己摘录的、自己仿创的等诗歌,利用美术课等时间,根据诗歌内容画一幅插图,有兴趣的可以多画几幅。

2.唱一唱。欣赏《我们的田野》《每当我走过老师窗前》《让我们荡起双桨》

《快乐的节日》《少年，少年，祖国的春天》等歌曲，利用音乐课等时间，学唱其中的一首，进一步感受歌曲中的情感。在音乐老师的帮助下，可以尝试用喜欢的歌曲旋律唱一唱诗歌，或给自己喜欢的诗歌配上简单的曲谱，并唱一唱。

3. 写一写。可以利用书法课等时间，选择自己喜欢的现代诗进行书法创作。

4. 做一做。根据校园环境，利用综合实践课，选择在花园、草坪、道路、走廊等处，和同学合作布置一条"诗语之路"。

活动四：开展评比

1. 议一议。说说印象深刻或者最喜欢的一项学习活动。

2. 评一评。将星级积分高或参加活动积极的同学评为优秀的小诗人。

任务三　举办诗歌朗诵会

学习情境：诗歌语言的美妙与情感的强烈往往能通过朗诵得到更好的表现与表达。让我们朗诵这些美妙的诗篇，举办一场诗歌朗诵会。

活动一：制订朗诵会方案

1. 前期准备。全班分成若干个小组，确定小组长，选定要朗诵的诗作。

2. 制订方案。在老师的组织下，各小组长一起讨论，合作制订朗诵会方案，可以用表格来呈现。

朗诵会名称			
时间		地点	
主持人		服装、道具	
背景绘制		伴奏播放	
评委		嘉宾	
奖项设置			

3. 公布评分标准。全班共同商议，确定评分标准。

评分项目	分值	得分
朗诵的语气、语调合适、恰当	40	
情感丰富而不夸张	20	
表情自然,动作大方	10	
小组成员配合默契,表现力强	10	
服装、道具与诗的内容相匹配	10	
背景音乐、PPT效果好	10	
总分	100	

4. 发报名表。方案制订好后,要向各小组下发报名表,并提醒及时上交主持人,小组间商量确定节目顺序。

小组名		节目名称	
节目时长		朗诵者	
PPT 制作		背景音乐	
节目串台词			

活动二：举办朗诵会

1. 赏一赏。在准备朗诵作品的前期,可以借助音频、视频资料,欣赏一些名家、播音员的诗词朗诵作品,学习一些朗诵的方法与技巧。

2. 练一练。准备期间,要和小组内同学好好配合,并积极地与其他小组的同学展开交流,互相学习,共同进步。

3. 演一演。在朗诵会举办当天,全班同学共同努力,按方案布置美化会场,绘制主题背景海报(或制作 PPT 主题背景图),并邀请老师、家长等嘉宾前来欣赏,按抽签顺序上台表演诗朗诵。

活动三：寻找优秀的朗诵者

1. 评一评。在朗诵会结束后，将评委分数汇总，并请同学互相品评，同时，也请评委、嘉宾对同学们的朗诵进行点评。

2. 奖一奖。根据评委分数、同学品评、评委与嘉宾的点评，颁发"声音最动听""表情最丰富""动作最到位""最具表现力""最具创意"等奖项，评出一批优秀的朗诵者。

（二）教学建议

1. 语言文字积累与梳理。"文学阅读与创意表达"是核心，而"语言文字积累与梳理"是语言学习的重要基石。

（1）积累诗一样的语言，例如"心中的风雨""静静地交叉""朦胧的寂静""姗姗来迟的朝霞""炫耀着新绿的小草""不再胆怯的小白菊"等。

（2）理解诗句中有特殊含义的词语，如《繁星》中两个"风雨"不同的意思，《白桦》中用"朦胧"来形容"寂静"等。借助这些关键词，能更好地体会诗人的情感。

（3）体会诗歌的韵味。诗歌是最适合朗诵的文学作品，要引导学生反复诵读，体会诗歌独特的节奏与押韵。

（4）学习巩固诗中的修辞、表现手法，如反问"哪一颗星没有光？"，想象"好像舞蹈教练在指挥"，拟人"不再胆怯的小白菊，慢慢地抬起它们的头"等。

（5）了解诗歌中的意象。诗人的情感往往通过意象表达。如《繁星》中，当诗人想到母亲，脑海中就会浮现一个清晰而又朦胧的画面：小时候在挂满藤萝的花架下的园子里，趴在母亲的膝上，看着天上明亮的月亮……明月、园子、藤萝、膝就成了一组思念母亲的意象。

2. 单元课时整体安排建议。"任务一：收集整理诗歌"3课时，"任务二：仿创学写诗歌"3课时，"任务三：举办诗歌朗诵会"2课时。

3. 单元任务群学习策略。

（1）循序渐进。现代诗在教材中并非第一次出现，但像这样以单元整组编排的形式出现，在小学阶段是第一次，也是唯一的一次。单元每一课都安排了不同的学习提示、阅读链接，之后还安排了综合性学习。这些学习内容、练习项目交织在一起，在学习活动开展的过程中，要循序渐进，逐步完成摘录、朗读、理解、感受这些重要任务，而不要想着一蹴而就。如摘录，可从课内到课外，从一句两句到一节多节，乃至整首等；如朗读，可从慢诵到快慢结合，从轻诵到轻重结合，从统一节奏到变化节奏，从流利地朗读到有感情地朗诵等；如理解、感受，从整体感知到理解个别诗句、关键字词，再到联系自己的生活实际去体会等。

（2）模糊学习。对于四年级的学生来说，学习现代诗还应把握一个度，不应追求过度解读。对于诗歌的理解，达到"初步""模糊""朦胧"即可，对于诗歌中的意象、表现手法、相关知识也不需要过度解读与拓展，使学生对于"诗意语言"有些模糊的感觉就可以了。同时，学生的学习具有差异性，不要追求统一，允许他们的感知有参差。

（3）实践操作。这次学习任务群的每项任务中都安排了实践操作项目，如查找资料、做书签、做表格、做诗集、做方案、上台表演等，使学生有多次展示自己、锻炼自己的机会。在这样的实践操作中，学生既亲近了诗歌，又增进了与同学的友谊，还将语文学习更好地融入生活中。

第七讲　我们的动物朋友

——统编教材四年级下册第四单元"文学阅读与创意
表达"学习任务群设计

➡ 一、主题与内容

（一）主题的确立

统编教材四年级下册第四单元为动物散文单元。根据散文的文体特点，设计"我们的动物朋友"这一学习主题。

一是从课标角度来看，《义务教育语文课程标准（2022 年版）》第二学段要求学生能初步感受作品中生动的形象和优美的语言，关心作品中人物的命运和喜怒哀乐，与他人交流自己的阅读感受。散文类课文的教学可与此照应。统编教材在编排散文类课文时，呈现出低中年段分散、高年段集中的特点，旨在引导学生在语文实践活动中，感受文学语言和形象的独特魅力，获得个性化的审美体验；了解文学作品的基本特点，欣赏和评价语言文字作品，提高审美品位；观察、感受自然与社会，表达自己独特的体验与思考，尝试创作文学作品。

二是从教材角度来看，本单元围绕"作家笔下的动物"这个主题编排了老舍的《猫》《母鸡》和丰子恺的《白鹅》三篇课文。《猫》一文生动细致地描述了大猫的性格古怪和小猫的淘气可爱；《母鸡》一文通过作者对母鸡的态度变化，塑造了一位"伟大的鸡母亲"的形象，表达了对母爱的赞颂之情；《白鹅》一文从姿态、叫声、步态和吃相等方面写出了白鹅高傲的特点。此外，《猫》和《白鹅》课后的"阅读链接"安排了其他中外名家写动物的文章或片段，意在让学生进行比较阅读，体会不同作家对动物的喜爱之情。

三是从创意表达来看,本单元的语文要素是"体会作家是如何表达对动物的感情的",这一要素在本册第一单元"初步体会课文表达的思想感情"的基础上提高了要求,强调不仅要体会文章所表达的情感,还要关注作家是如何表达的。本单元的课文语言充满了浓郁的生活气息,作家将笔触落于细微之处,通过对点滴小事的具体描写,使笔下的动物特点生动鲜明,形象呼之欲出。可以让学生抓住事例,结合具体语句,在生活化的场景和语言中体会动物的特点,感受人与动物和谐相处的美好意境。

(二)内容的归属

《义务教育语文课程标准(2022年版)》中第二学段的"文学阅读与创意表达"学习任务群包括三个方面的内容,其中一个内容是"阅读描绘大自然、表现人类美好情感的诗歌、散文等文学作品,结合自己的生活体验,尝试用文学语言表达自己热爱自然、珍爱生命的情感"。

统编教材四年级下册第四单元选编了一组中外作家描写动物的名篇,又以"交流平台""日积月累"等搭建学习支架,为建构"文学阅读与创意表达"学习任务群提供了丰富的资源。因此,本单元以"文学阅读与创意表达"学习任务群组织教学活动。

(三)内容的组织

统编教材四年级下册第四单元选编了不同作家的作品,包括老舍的《猫》和《母鸡》,丰子恺的《白鹅》,夏丏尊、周而复的同名作品《猫》片段,以及俄国作家叶·诺索夫的《白公鹅》,旨在让学生感受不同作家笔下的动物形象,体会不同作家的语言风格。《习作:我的动物朋友》和《语文园地》中的"交流平台""词句段运用""书写提示""日积月累",都在为创意表达搭建支架。这些内容均适合通过比照、重组等方式,实现"文学阅读与创意表达"学习任务群的要求。

	单元学习目标	单元学习评价
1	能认识 27 个生字，读准 4 个多音字，会写 45 个字和 36 个词语。能积累用动物喻某一类人的词语。能有感情地朗读课文，了解课文大意。	★ 能在具体的情境中，自主学习生字新词，读准多音字，了解形声字。 ★ 能积累以动物喻人的词语。 ★ 能正确、流利、有感情地朗读课文。
2	能聚焦老舍和丰子恺的语言特色，感受明贬实褒的表达方式。能链接课后"阅读链接"中描写动物的片段和文章，感受不同作家笔下的动物形象。	★ 能在具体的散文学习中，感受明贬实褒的表达方式，体会作家是如何表达对动物的感情的。 ★ 能积累生动的词句，并在习作中加以运用。
3	能借助"动物朋友见面会""动物明星发布会""动物名片展示会"等情境，和同学一起概括动物的特点。	★ 能在真实的学习情境中，借助"动物朋友我来画""动物朋友我来比""动物朋友我来写""动物朋友我来诵""动物朋友我来赏"等任务，体会动物的特点。
4	能仿照老舍口语化的语言，写一个熟悉的或者喜欢的小动物。能联系生活经验，写出自己熟悉的动物的特点，并抓住特点，用明贬实褒的方式写出对动物的喜爱。	★ 能认真观察自己熟悉的动物，发现动物的特点，揣摩明贬实褒的表达方式，尝试在说话和习作时，用这种方式表达对动物的喜爱之情。
5	能拓展阅读不同作家笔下的动物散文，感受不同作家的语言风格。	★ 能收集整理描写动物的诗词，主动阅读中外作家的动物散文，并通过课内外联读，拓宽视域，积累语言。

➡ 三、情境与任务

　　"我们的动物朋友"学习主题的关键词是"动物"和"朋友"，了解动物的特点，感受作家对动物的喜爱之情,是学习的核心。结合本单元散文的特征,根据"文学阅读与创意表达"学习任务群的要求,可以从不同角度创设不同的学习情境。通过"动物朋友我来画""动物朋友我来比""动物朋友我来写""动物朋友我来诵""动物朋友我来赏"这五个任务,采用画、比、写、诵、赏等方式,来完成整个单元的学习。

由此,围绕"我们的动物朋友"学习主题,设计了五个前后连贯的情境任务,建构了学习主题统领下的任务单元:

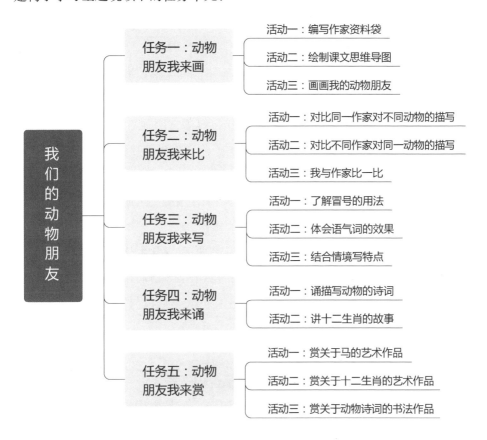

为了更好地完成五个学习任务,我们将情境任务作了活动分解,设计了结构化的活动链。

任务一:动物朋友我来画。先引导学生自主预习单元课文,交流易错的生字新词,了解每个单篇中的动物形象;然后让学生借助思维导图梳理文章的脉络,厘清文章的主要内容;再让学生画一画课文情境或喜欢的动物,加深对课文内容的理解,表达对动物的喜爱之情。

任务二：动物朋友我来比。引导学生重点关注表现动物特点的语句，聚焦写作特色，感受作家对这些动物的喜爱之情。通过对比同一作家对不同动物的描写，感受作家"明贬实褒"的表达方式；通过对比不同作家对同一动物的描写，感受不同的语言风格；通过小练笔试水，仿写动物片段，感受作家的独特表达。

任务三：动物朋友我来写。教学本单元动物散文，旨在让学生能结合情境创意表达，具体分三层次推进。首先，通过任务二中的小练笔，尝试明贬实褒的写法，仿写动物片段；其次，结合《语文园地》中的"词句段运用"，写一写"活泼的小狗"，重点训练描写动物的外形；再次，结合不同的生活情境，介绍动物的特点，在分享、交流、评价中提高习作水平。

任务四：动物朋友我来诵。引导学生结合《语文园地》中的"日积月累"，诵读并积累描写动物的诗词，并讲述一两个关于十二生肖的故事。

任务五：动物朋友我来赏。带领学生赏析动物主题作品，如绘画、音乐、摄影作品等，在班内交流分享。也可以引导学生结合《语文园地》中的"书写提示"，赏析关于动物诗词的书法作品，获得艺术的熏陶。

五个学习任务围绕主题前后连贯、层层递进，引导学生从"画、比、写、诵、赏"等多个层次展开理解与积累。同一任务中的多项学习活动相互关联、逐层深化，从感知特点到表达运用，带领学生在学习中提升文学阅读与创意表达的能力。

▶ 四、活动与建议

（一）活动设计

任务一　动物朋友我来画

学习情境：你曾经养过哪些小动物？你最爱什么动物？那些作家又喜爱什么动物呢？让我们走进动物散文单元，画一画这些可爱的动物朋友吧！

活动一：编写作家资料袋

请根据教材第 53 页老舍先生的资料袋，给丰子恺先生也编写一个资料袋。

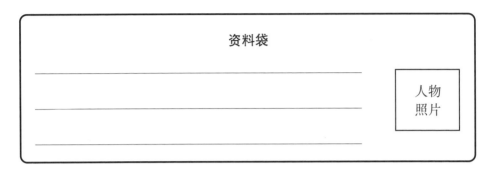

活动二：绘制课文思维导图

想一想三篇课文分别表现了动物的什么特点，借助关键语句梳理三篇课文的内容。小组合作完成以下思维导图，并试着说说这些课文的内容。

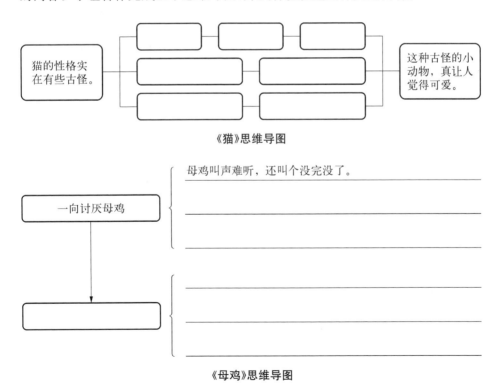

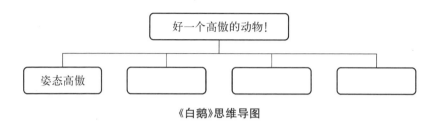

《白鹅》思维导图

活动三：画画我的动物朋友

丰子恺先生用寥寥几笔,就把白鹅高傲的形象勾勒出来了。可以学着丰子恺先生,画一画课文中的动物和自己喜欢的动物,还可以用连环画的形式画一画课文中的情境。画完之后,组内同学合编一本《动物漫画集》。有兴趣的同学,还可以收集十二生肖的由来,画一画十二生肖图。

任务二 动物朋友我来比

学习情境:《猫》和《母鸡》都出自老舍笔下,同一作家笔下的动物有什么相同之处? 又有什么不同之处? 同样是写白鹅,中国作家丰子恺先生笔下的白鹅和俄国作家叶·诺索夫笔下的白公鹅又有什么异同点呢? 让我们深入课文,仔细比照,反复品读。

活动一:对比同一作家对不同动物的描写

将《猫》和《母鸡》进行比较,想一想两篇课文在表达上有什么相同和不同之处,再填写表格。

	《猫》	《母鸡》
相同之处	(1) 结构方面:两篇文章都运用总分结构方式,先写动物特点,再具体写它的表现。 (2) 语言表达方面:＿＿＿＿＿＿＿＿。 (3) 情感表达方面:＿＿＿＿＿＿＿＿。	
不同之处	(1) 结构方面:《猫》写了大猫的性格古怪和小猫的淘气可爱两部分,前面部分笔墨较多。 (2) 语言表达方面:＿＿＿＿。 (3) 情感表达方面:＿＿＿＿。	(1) 结构方面:《母鸡》分母鸡孵鸡雏前和孵出鸡雏后两部分,着重写的是后面部分。 (2) 语言表达方面:＿＿＿＿。 (3) 情感表达方面:＿＿＿＿。

活动二：对比不同作家对同一动物的描写

同样是写猫，老舍先生笔下的《猫》和夏丏尊、周而复笔下的《猫》是不是有不一样的味道？同样是写白鹅，丰子恺先生笔下的白鹅和叶·诺索夫笔下的白公鹅有着惊人的相似之处，而两者的语言风格又有什么异同点呢？请认真阅读这些文章，感受不同作家对同一动物的描写，梳理"猫"和"白鹅"群文在表达上的相似之处和不同点，用自己喜欢的方式记录下来。

活动三：我与作家比一比

★ 小练笔：读一读，体会这段话的表达特点，再照样子写一写自己熟悉的动物。

说它老实吧，它的确有时候很乖。它会找个暖和的地方，成天睡大觉，无忧无虑，什么事也不过问。可是，它决定要出去玩玩，就会出走一天一夜，任凭谁怎么呼唤，它也不肯回来。

★ 小练笔：请仿照老舍写《母鸡》和丰子恺写《白鹅》的方法，运用明贬实褒的手法仿写一个动物片段。写完后读给同学听，看看自己有没有写出对这个动物的喜爱之情。

任务三　动物朋友我来写

学习情境：作家笔下的小动物个性鲜明，栩栩如生。你肯定也有喜爱的小动物吧！让我们拿起手中的笔,用文字记录下这些可爱的小生灵吧!

活动一：了解冒号的用法

◇ 它要是高兴,能比谁都温柔可亲：用身子蹭你的腿,把脖子伸出来让你给它抓痒。

◇ 后来我看到鹅果然能看守门户：凡有生客进来,鹅必然厉声叫嚣；甚至篱笆外有人走路,它也要引吭大叫,不亚于狗的狂吠。

了解冒号的用法,围绕"活泼的小狗",仿照着写一段话,重点写好小狗的外形。

活动二：体会语气词的效果

◇ 说它贪玩吧,的确是啊,要不怎么会一天一夜不回家呢?

◇ 它若是不高兴啊,无论谁说多少好话,它也一声不出,连半朵小梅花也不肯印在稿纸上!

◇ 它板正的姿势啦,步态啦,和别的公鹅攀谈时的腔调啦,全是海军上将的派头。

朗读这些句子,关注加点词。请选择其中一句,认真抄写一遍。

> 书写时注意字距要比行距小, 字的大小基本一致,两边留的空白大致相等。

活动三：结合情境写特点

通过前期的学习,我们不仅了解了作家笔下动物的特点,也掌握了描写动物的方法。有时候,我们需要向别人介绍自己的动物朋友。面对下面的情境,你该怎么向别人介绍你的动物朋友呢? 如果你没有养过这些动物,也可以创设一个情境,写一写自己熟悉的动物。写之前想一想,你打算从哪些方面介绍它,它在这些方面有怎样的特点。

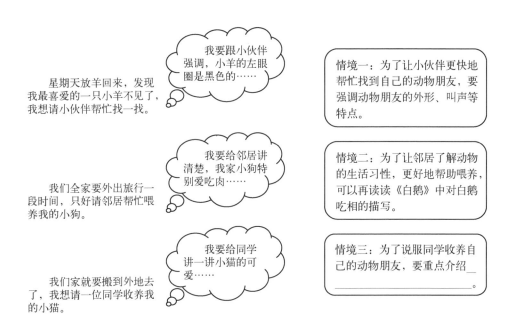

星期天放羊回来,发现我最喜爱的一只小羊不见了,我想请小伙伴帮忙找一找。

我要跟小伙伴强调,小羊的左眼圈是黑色的……

情境一:为了让小伙伴更快地帮忙找到自己的动物朋友,要强调动物朋友的外形、叫声等特点。

我们全家要外出旅行一段时间,只好请邻居帮忙喂养我的小狗。

我要给邻居讲清楚,我家小狗特别爱吃肉……

情境二:为了让邻居了解动物的生活习性,更好地帮助喂养,可以再读读《白鹅》中对白鹅吃相的描写。

我们家就要搬到外地去了,我想请一位同学收养我的小猫。

我要给同学讲一讲小猫的可爱……

情境三:为了说服同学收养自己的动物朋友,要重点介绍_____。

写完后,同桌互相评一评,看看是否根据需要写出了动物的特点。

"我的动物朋友"习作评价表

评价项目	评价内容	自评	互评	师评
我的动物朋友	结构清晰	☆☆☆☆☆	☆☆☆☆☆	☆☆☆☆☆
	符合情境	☆☆☆☆☆	☆☆☆☆☆	☆☆☆☆☆
	写出特点	☆☆☆☆☆	☆☆☆☆☆	☆☆☆☆☆
	情感真切	☆☆☆☆☆	☆☆☆☆☆	☆☆☆☆☆
	总体评价	☆☆☆☆☆	☆☆☆☆☆	☆☆☆☆☆

任务四　动物朋友我来诵

学习情境：动物是人类的好朋友。让我们开展一次语文综合实践活动，去诵读描写动物的诗词，讲述关于动物的故事。

活动一：诵描写动物的诗词

诗人罗隐创作的《蜂》表面上是在描写蜜蜂，其实是在抒发对辛勤劳作之人的赞美，对不劳而获者的不满。古往今来，有很多文人墨客描写过动物，留下了很多诗词。请收集描写动物的诗词，选择自己最喜欢的一首摘录下来。

书写时注意字距要比行距小，字的大小基本一致，两边留的空白大致相等。

活动二：讲十二生肖的故事

十二生肖中，每一个动物的背后都有一个鲜为人知的故事。请借助书籍和网络，查一查每一个动物的由来，选择自己最感兴趣的故事讲一讲。

任务五　动物朋友我来赏

学习情境：在我国，一些动物有特别的寓意，因此也涌现出不少关于动物的艺术作品，让我们一起来欣赏一下吧！

活动一：赏关于马的艺术作品

赏关于马的音乐作品：欣赏著名的二胡曲《赛马》，感受乐曲中磅礴的气势、热烈的气息和奔放的旋律。

赏关于马的摄影作品：欣赏关于马的摄影图片，试着用恰当的词语来形容图中的骏马。

赏关于马的绘画作品：欣赏徐悲鸿的《奔马图》，细致观察马的神态，试着用总分结构方式介绍一下。

活动二：赏关于十二生肖的艺术作品

借助图片和视频，欣赏唐彩绘十二生肖俑，感受我国宝贵的历史文化遗产。

活动三：赏关于动物诗词的书法作品

欣赏关于动物诗词的书法作品，获得艺术的熏陶。小组合作，出一期动物画报，要求图文并茂，全方位展示本单元学习成果。

（二）教学建议

1. 要抓住具体事例，体会动物的特点。教学时，要引导学生抓住事例，结合具体语句，在生活化的场景和语言中体会动物的特点，感受人与动物和谐相处的美好意境。

2. 单元课时整体安排建议。"任务一：动物朋友我来画"2课时，"任务二：动物朋友我来比"3课时，"任务三：动物朋友我来写"3课时，"任务四：动物朋友我来诵"1课时，"任务五：动物朋友我来赏"1课时。

3. 要引导学生关注作家的表达。教学时，不仅要引导学生体会作家笔下动物的不同特点，感受作家对动物的情感，更要引导学生进一步探究、感悟作家各具特色的写法，尤其是明贬实褒的写法。

4. 由于学生和作家生活的年代、环境都不相同，因此对文中一些独特的表达不一定都能理解，对作家独特的审美也不一定能全部领会，教师要加以引导。比如老舍先生是地道的北京人，他善于运用北京口语，文章雅俗共赏；丰子恺先生语言风趣幽默，善用白描手法，以凝练的线条勾勒出动物的形象。教师要适当点拨，让学生自读自悟，感受其中蕴含的情感。

第八讲　探访民间故事"百花园"

——统编教材五年级上册第三单元"文学阅读与创意
表达"学习任务群设计

（一）主题的确立

民间故事往往寄托着人们朴素的愿望和对美好生活的期盼。教材单元页中提到"民间故事，口耳相传的经典，老百姓智慧的结晶"，将单元学习主题直指传统文学作品——民间故事。根据本单元的特点以及学生的学情，设计"探访民间故事'百花园'"这一学习主题，以此激发学生阅读、讲述民间故事的兴趣。

（二）内容的归属

本单元编排了课文《猎人海力布》《牛郎织女（一）》《牛郎织女（二）》和《口语交际：讲民间故事》《习作：缩写故事》《语文园地》《快乐读书吧：从前有座山》等内容，旨在引导学生在了解民间故事特点的基础上鉴赏、探究民间故事，学会创造性地复述故事。

《义务教育语文课程标准（2022 年版）》中第三学段的"文学阅读与创意表达"学习任务群包括四个方面的内容，其中一个内容是"阅读表现人与社会的优秀文学作品，走进广阔的文学艺术世界，学习品味作品语言、欣赏艺术形象，复述印象深刻的故事情节，积累多样的情感体验，学习联想与想象，尝试富有创意地表达"。因此，本单元以"文学阅读与创意表达"学习任务群组织教学活动。

（三）内容的组织

本单元的学习内容以统编教材五年级上册第三单元的教材文本为主，内容非常丰富。"快乐读书吧"中对中国民间故事、欧洲民间故事、非洲民间故事的推介,会使本单元的学习持续较长的一段时间。另外,在学习内容的组织上,将采用变序、重组等策略(详见第三部分中"任务框架"里的说明),实现学习任务群的有效推进。

二、目标与评价

	单元学习目标	单元学习评价
1	能通过单元课文的学习,认识 23 个生字,读准 1 个多音字,会写 25 个字和 31 个词语。能体会意思相近的俗语和成语的不同表达效果。能用较快的速度默读课文,把握课文主要内容。	★ 创设词汇情境,考查学生对字词的掌握情况。 ★ 通过绘制情节图和人物关系图、表格填空等形式,考查学生对课文主要内容的掌握情况。
2	能通过梳理课文主要内容,感受民间故事的特点。能交流、总结创造性地复述故事的方法。	★ 设置阅读情境,对学生了解民间故事的特点、创造性地复述故事的表现进行考查和评价。
3	学讲民间故事,能适当丰富故事的细节,并配上相应的动作和表情。	★ 设计评价量表,对学生讲故事中表现出来的学习态度、参与程度和核心素养发展水平进行评价(见附录1)。
4	能用摘录、删减、概括、改写的方法对民间故事的内容进行缩写。	★ 设计评价量表,对文学阅读和创意表达的内容进行全方位评价,不仅关注习作结果,更关注习作过程(见附录2)。
5	通过学习"快乐读书吧",产生阅读民间故事的兴趣,能自主阅读不同地区的民间故事,了解故事的主要内容,乐于与大家分享课外阅读的成果。	★ 观察学生在民间故事导读课、推进课和分享课中的关键表现以及阅读民间故事后呈现的相关作品,进行评价。

附录1：

"民间故事我来讲"评价标准

评价标准	等级
选择的民间故事主题健康。	☆☆☆
讲述时符合故事的原意。	☆☆☆
讲述时声音洪亮,语言口语化。	☆☆☆
在原文的基础上,增加了生动又符合实际情境的内容。	☆☆☆
在讲述过程中,细致描绘人物形象,添加了动作、表情、对话等。	☆☆☆
同学的评价和建议:	

附录2：

"民间故事缩写"三级水平评价标准

评价项目	评价内容	一级水平	二级水平	三级水平
民间故事缩写	是否积极地参与习作全过程	在老师和同学的提醒、督促下参与讨论,进行自我修改和评价,与同学交换修改和展示习作,行动比较被动。	比较积极地参与民间故事缩写的全过程,修改、评价和展示自己的习作,有良好的学习情绪。	积极主动地参与习作的全过程,乐于与同学讨论和分享,不断改进习作水平,情绪饱满,学习过程愉悦。
	是否掌握缩写的基本方法	在老师和同学的点拨下,能初步使用摘录、删减、概括、改写的方法缩写故事内容。	能基本掌握摘录、删减、概括、改写的方法,并尝试使用这些方法缩写故事内容,但是不熟练。	能够较熟练地运用摘录、删减、概括、改写的方法缩写故事内容。

"民间故事缩写"三级水平评价表

评价项目	评价内容	自评	小组评	全班评	师评
民间故事缩写	是否积极地参与习作全过程	☆☆☆	☆☆☆	☆☆☆	☆☆☆
	是否掌握缩写的基本方法	☆☆☆	☆☆☆	☆☆☆	☆☆☆

➡ 三、情境与任务

根据民间故事单元多重的教学目标、丰富的教学内容,结合学生的现实生活,创设有趣、真实的情境,唤醒学生的主体意识,激发学生的学习兴趣。

由此,围绕"探访民间故事'百花园'"学习主题,设计了四个前后连贯的情境任务,建构了学习主题统领下的任务单元:

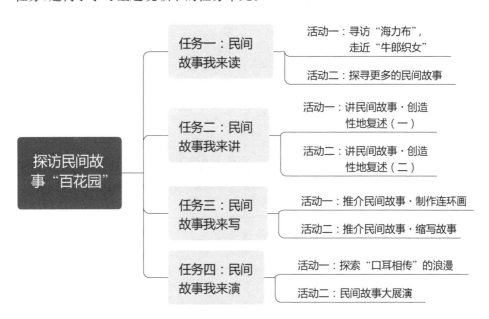

上述任务框架中,采用变序、重组的方法,调整教材资源的教学次序,

把《快乐读书吧：从前有座山》的内容前置，将《口语交际：讲民间故事》和《猎人海力布》《牛郎织女（一）》的教学内容进行整合，将《习作：缩写故事》与《牛郎织女（二）》的教学内容进行整合。本单元打破教材单篇课文按序教学的模式，重新审视单元各板块的教学价值，形成结构合理、彼此促进的学习任务群模式。

统编教材五年级上册第三单元教学内容变序、重组一览表

学习任务	主要教学活动	单元教学内容重组
任务一： 民间故事 我来读	活动一：寻访"海力布"，走近"牛郎织女"	★《猎人海力布》 ★《牛郎织女（一）》 了解主要内容 ★《牛郎织女（二）》 学习生字新词 ★《快乐读书吧：从前有座山》
	活动二：探寻更多的民间故事	
任务二： 民间故事 我来讲	活动一：讲民间故事·创造性地复述（一）	★ 借助课文《猎人海力布》《牛郎织女（一）》，练习创造性地复述故事，学习"交流平台"。 ★ 结合《语文园地》中的"词句段运用"第二题，仿照示例，继续练习创造性地复述故事。 ★《口语交际：讲民间故事》
	活动二：讲民间故事·创造性地复述（二）	
任务三： 民间故事 我来写	活动一：推介民间故事·制作连环画	★ 梳理《牛郎织女》故事情节，制作连环画。 ★《习作：缩写故事》
	活动二：推介民间故事·缩写故事	
任务四： 民间故事 我来演	活动一：探索"口耳相传"的浪漫	★ 结合《语文园地》中的"词句段运用"第一题，体会意思相近的俗语和成语的不同表达效果。 ★ 朗读、背诵古诗《乞巧》。
	活动二：民间故事大展演	

（一）活动设计

任务一　民间故事我来读

学习情境：民间故事口耳相传，丰富有趣，又充满哲理与智慧，还承载着老百姓们最朴素、最美好的心愿。让我们捧起书本，一同探访民间故事"百花园"吧！

活动一：寻访"海力布"，走近"牛郎织女"

1. 猜一猜。观察与《白蛇传》《田螺姑娘》《梁山伯与祝英台》等中国传统民间故事相关的图片，猜猜故事名字，激发阅读民间故事的兴趣。

2. 读一读。快速默读《猎人海力布》《牛郎织女（一）》《牛郎织女（二）》，学习生字新词，了解故事主要内容，绘制故事情节图。

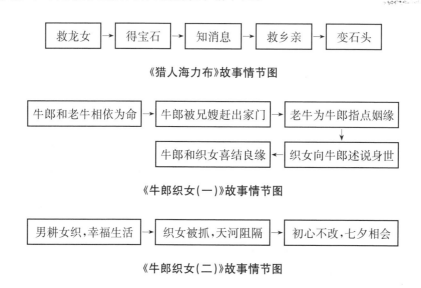

| 救龙女 | → | 得宝石 | → | 知消息 | → | 救乡亲 | → | 变石头 |

《猎人海力布》故事情节图

| 牛郎和老牛相依为命 | → | 牛郎被兄嫂赶出家门 | → | 老牛为牛郎指点姻缘 |

| 牛郎和织女喜结良缘 | ← | 织女向牛郎述说身世 |

《牛郎织女（一）》故事情节图

| 男耕女织，幸福生活 | → | 织女被抓，天河阻隔 | → | 初心不改，七夕相会 |

《牛郎织女（二）》故事情节图

3. 说一说。借助故事情节图，试着说说故事主要内容，小组内进行交流。小组选出代表，全班进行交流，把握课文主要内容。

活动二：探寻更多的民间故事

1. 聊一聊。交流：除了《猎人海力布》《牛郎织女》，你还知道哪些民间故事？说一说。

2. 猜一猜。自主阅读"快乐读书吧"中的《田螺姑娘》片段，全班交流：片段中哪些地方特别吸引你？你能猜猜故事的发展、结局吗？

3. 理一理。继续阅读我国的民间故事，认识机智的徐文长、聪慧的巧姑等人物。通过梳理故事情节，认识民间故事的特点，了解阅读民间故事的方法。

4. 读一读。民间故事存在于世界上的每一个角落，拓展阅读不同地区的民间故事，制订阅读计划。

任务二　民间故事我来讲

学习情境：你讲，我听；我讲，你听……曲折的情节，动人的故事，由你我演绎。让我们走进民间故事，聚焦精彩，大胆想象，开展一次民间故事演讲大赛吧！

活动一：讲民间故事·创造性地复述（一）

★ 结合《猎人海力布》，学习妙招"用不同的口吻复述故事"。

1. 回顾课文主要内容。

2. 学习创造性地复述故事。

（1）围绕"海力布劝乡亲们搬家"这部分内容，梳理出关键的情节。

（2）发挥想象，以海力布的口吻讲述。

① 围绕"焦急劝说，乡亲不信"的情节，用恰当的语气讲出海力布的心情。

② 讲述"海力布不得不说出实情，而后变成石头"的情景。

（3）发挥想象，以乡亲的口吻讲述。

说一说：忽然听到要搬家，要离开世世代代居住的地方，你会怎么想、怎么说？听到海力布说出实情，看到他变成石头，你又会有怎样的表现？

3. 表演海力布劝乡亲们搬家的故事。

★ 结合《牛郎织女（一）》，学习妙招"大胆想象，丰富细节"。

1. 默读《牛郎织女（一）》，回顾情节。

2. 细读课文，学讲故事。

（1）说说牛郎和老牛的相处：老牛是怎么对待牛郎的？牛郎又是怎么对待老牛的？

（2）发现故事写法特点，看着提示讲故事。

（3）围绕"他常常把看见的、听见的事告诉老牛"展开想象，创意表达。

活动二：讲民间故事·创造性地复述（二）

1. 学习《语文园地》"词句段运用"中的两个片段，交流不同之处，提炼讲故事的方法。

2. 仿照例子，试着把牛郎织女初次见面的情节说清楚。

3. 结合"口语交际"的内容，再次梳理创造性地复述故事的方法。

4. 小组内轮流讲故事，看看谁讲得生动、有吸引力。

5. 小组推选"故事大王"，在班级里讲故事。

任务三　民间故事我来写

学习情境：民间故事之所以历久弥新，是因为在代代相传的过程中，人们不拘泥于细节，注重讲述精彩的部分，才让一个个故事传诵下来。我们可以拿起画笔，画出精彩的情节，配上简练的文字，也可以将长长的故事缩写成短短的一篇。想试试吗？

活动一：推介民间故事·制作连环画

1. 回顾《牛郎织女》，梳理故事主要情节。

2. 结合《牛郎织女（二）》的学习提示，思考讨论：如果给《牛郎织女》绘制连环画，哪些情节不能忽略？哪些可以忽略？

3. 结合《牛郎织女（二）》第 1 自然段的内容，集体构思"男耕女织，幸福生活"部分的画面和文字。提示：画面突出主体，文字准确简练。

4. 以小组为单位，选择一个情节进行创作。

5. 全班交流展示。

6. 课后自主选择喜欢的故事进行连环画创作。

活动二：推介民间故事·缩写故事

1. 读读教材中的相关内容，了解缩写的四种方法，思考：应该摘录什么？删减什么？为什么要概括和改写？

2. 默读《猎人海力布》第1～4自然段的缩写例文,在原文中画出两者不一样的地方。

3. 思考：例文中保留了什么？删减了什么？哪些句子是概括出来的？哪些句子是改写的？

4. 交流缩写的四种方法。

5. 选择其他民间故事进行缩写。

6. 缩写完成后,选取1～2篇进行反馈,看看故事是否完整,情节是否连贯,语句是否通顺。

任务四　民间故事我来演

学习情境：许多民间故事不仅家喻户晓,还被改编成影视作品,如大家熟知的《白蛇传》《梁山伯与祝英台》《宝莲灯》等。让我们也登上舞台,发挥创意演故事吧!

活动一：探索"口耳相传"的浪漫

1. 找一找《猎人海力布》《牛郎织女》中口语化的词句,细读品味。

2. 学习"词句段运用"第一题中的两组词语,思考：两组词语在表达效果上有什么不同呢？（左边那组词语更口语化,口语化的语言更生动）

3. 人们就是以这样口语化的语言,将这些民间故事代代相传。还有很多诗人根据这些故事创作了不少诗歌,读一读《乞巧》,说说大意,交流其和《牛郎织女》故事之间的联系。

4. 拓展阅读与《牛郎织女》故事相关的其他作品,如《迢迢牵牛星》《秋夕》等。

活动二：民间故事大展演

1. 根据前期的学习,以小组为单位推选"最佳连环画作品""最佳民间故事缩写作品""最佳故事大王"等。

2. 小组将评选出的作品在班级里进行展示,其他小组进行评议,并提出改进建议。

3. 在改进的基础上参加学校民间故事展演活动。

（二）教学建议

1. 搭建学习平台，激发阅读兴趣。本单元任务群学习，是学生第一次接触民间故事，在大任务"举行一次民间故事展演"的驱动下，学生走进民间故事，了解民间故事的特点，并用各种方式推介自己喜欢的民间故事。因而，教师需积极搭建各种学习平台，激发学生阅读民间故事的兴趣，如通过带领学生观看相关的影视片段、指导制订阅读计划、成立读书小组等方式，带动所有人一起阅读，并及时进行成果交流。

2. 多渠道引领，扩大活动参与面。本单元的学习在大任务的引领下，整合了四项子任务，八个学习活动。在活动的开展过程中，教师应多渠道引领每一个学生积极参与，如小组合作交流、全班交流、开展班级故事会等，让每一位学生都能发挥各自的优势，相互帮助、分工合作，从而在潜移默化中锤炼学生的技能，塑造学生求实进取的个性品质。

3. "教—学—评"一体，落实训练要点。本单元的教学中，教材安排顺序有所调整，教材内容互相融合，但语文实践训练点紧紧围绕"创造性地复述"和"缩写"这两点展开。在开展实践活动时，应该给学生搭建活动支架，提供丰富的资源和评价标准，根据不同的形式和内容采用不同的评价方式，及时反馈，及时跟进，真正落实语文训练要点。

第九讲　走进心动神移的童年岁月

——统编教材五年级下册第一单元"文学阅读与创意表达"学习任务群设计

一、主题与内容

（一）主题的确立

统编教材五年级下册第一单元为"童年往事"单元。该单元开篇引用了著名儿童文学作家冰心的名言："每一个人都有他自己的童年往事,快乐也好,辛酸也好,对于他都是心动神移的最深刻的记忆。"根据这个单元人文主题以及教材内容编写的内在逻辑性,设计了"走进心动神移的童年岁月"单元学习主题。

一是从童年生活的视角看,童年是人生中的一个重要阶段,也是一个宝贵的时期。因此,要重视童年生活,发掘童年生活的意义,感悟童年生活的价值,引领学生过好童年生活。

二是从童年体验的视角看,童年不是抽象、枯燥、干瘪的,而是形象、有趣、丰富的,只有沉浸式地体验,学生才能身临其境地感受童年的幸福与快乐、悲伤与忧愁。"纸上得来终觉浅,绝知此事要躬行",通过体验,让学生去切身感受童年的独特和灿烂。

三是从童年成长的视角看,童年是人生的起步阶段,对孩子一生的成长都有着重要的作用。作为学生的领路人,尊重、保护、引领孩子的童年成长,是教师义不容辞的职责。

（二）内容的归属

《义务教育语文课程标准(2022年版)》"文学阅读与创意表达"任务群第三学段包括四个方面的学习内容,其中一个是"阅读反映少年成长的故事、小说、传记等,交流自己获得的启示;学习运用细节描写等文学表现手法,描述自己成长中的故事"。这一学习内容旨在引导学生通过整体感知、联想想象,感受文学语言和形象的独特魅力,获得个性化的审美体验。五年级下册第一单元选编了不同体裁、不同时代、不同人物的"童年往事",为实施"文学阅读与创意表达"学习任务群提供了丰富的文本和学习资源。因此,本单元以"文学阅读与创意表达"学习任务群组织教学活动。

(三) 内容的组织

本单元以"童年往事"为主题,以"体会课文表达的思想感情"和"把一件事的重点部分写具体"为语文要素,编排了《古诗三首》《祖父的园子》《月是故乡明》《梅花魂》四篇课文,以及口语交际"走进他们的童年岁月"、习作"那一刻,我长大了"和《语文园地》等。虽然课文体裁不同,年代有异,内容有别,人物不一样,但都蕴含了"童年往事是心动神移的记忆"的情感。这为"文学阅读与创意表达"学习任务群的设计和学习提供了主体性的文本。另外,在单元主题的学习中,将采用变序、拓展和延伸等策略,有效推进学习任务群的落实。

⟶ 二、目标与评价

序号	单元学习目标	单元学习评价
1	通过单元文本的学习,认识 41 个生字,读准 3 个多音字,会写 18 个字,会写 10 个词语;正确、流利、有感情地朗读课文,背诵、默写四首古诗,拓展并积累其他有关童年的古诗。	★ 创设真实的生活情境,考查学生字词的掌握情况;通过学生主动参与过程中的即时点评,对学生课堂里的朗读进行评价;通过表格式填空等形式,对学生古诗的背诵和默写情况进行针对性的评价。
2	能运用学过的方法,如抓住关键语句、借助具体事物、通过事例和细节描写等,体会蕴含在人、事、景、物中所表达的思想感情。	★ 抓住课堂里学生的参与程度、关键表现和能力水平进行考查和评价。

序号	单元学习目标	单元学习评价
3	能在真实的生活情境中,了解大人们的童年生活,列出问题清单,提出问题,认真倾听,交流记录,做好整理,并学习有条理地表达。	★ 依据"采访身边大人的童年岁月"的小组言语实践活动,设计三级水平评价量表,对学生表现出来的学习态度、参与程度和核心素养发展水平进行进阶评价。(见附录1)
4	能从自己成长的经历中选择一件印象深刻的事,把事情的经过写清楚,并能把感到自己长大了的"那一刻"的情形写具体,记录真实感受。	★ 根据"那一刻,我长大了"的习作重点(把事情的经过写清楚,把"那一刻"的情形写具体)进行关键评价,关注学生的习作过程和习作结果。

附录1:

"采访身边大人的童年岁月"三级水平评价标准

评价项目	评价内容	一级水平	二级水平	三级水平
采访身边大人的童年岁月	参与学习的态度是否积极	在同学、老师的提醒和督促下参与采访,比较被动	比较积极地参与采访活动,有良好的学习情绪	积极主动地参与采访活动,情绪高涨,学习过程愉悦
	是否按照问题清单采访	采访时,因为紧张、不熟练等原因,遗漏了采访的问题,导致采访中断	基本按照问题清单来进行采访,有忘记了的问题,又随机增添了其他问题	完全按照问题清单来采访,思路清晰,自然流畅
	采访时的状态和表现怎样	采访时走神,不会一边听一边作简单的记录,还随意打断大人讲话,自己不明白或感兴趣的内容不会追问	采访时能比较认真、耐心地听大人讲话,基本上会作简单的记录,不随意打断大人讲话,自己不明白或感兴趣的内容能够适当追问	采访时非常认真、耐心地听大人讲话,会作简单的记录,不随意打断大人讲话,自己不明白或感兴趣的内容能够很好地追问

评价项目	评价内容	一级水平	二级水平	三级水平
采访身边大人的童年岁月	采访结束以后,是否会整理采访记录	采访结束以后,不会整理采访记录	能简单整理采访记录,内容基本清楚,观点基本明确	能很好地整理采访记录,内容清楚,观点明确,重点突出
	采访总体效果	总体效果欠佳	总体效果一般	总体效果优秀

"采访身边大人的童年岁月"三级水平评价表

班级:_____　　第(　)小组　　姓名:_____　　时间:_____

评价项目	评价内容	自评	小组成员评	被采访的大人评
采访身边大人的童年岁月	参与学习的态度是否积极	☆☆☆	☆☆☆	☆☆☆
	是否按照问题清单采访	☆☆☆	☆☆☆	☆☆☆
	采访时的状态和表现怎样	☆☆☆	☆☆☆	☆☆☆
	采访结束以后,是否会整理采访记录	☆☆☆	☆☆☆	☆☆☆
	采访总体效果	☆☆☆	☆☆☆	☆☆☆

➡ **三、情境与任务**

　　童年是一首诗,一首天真无邪的诗;童年是一幅画,一幅浓墨重彩的画;童年是一支歌,一支无忧无虑的歌。五年级的学生,正享受着童年的美好。他们爱玩,也爱幻想,既纯真,又活泼,在悄无声息中像竹子拔节一样快速地成长。统编教材在五年级下册第一单元编写了"童年往事"的单元内容,正契合学生的成长状态。根据教材内容和学生学习的实际特点,提炼出了一个统领目标与内容、任务与教学活动的单元主题情境——"走进心动神移的童年岁月",以此串联起整个单元的学习活动,确保单元学习的高效。

围绕"走进心动神移的童年岁月"这个单元主题情境,设计了三个内容前后关联且体现学习水平进阶的子任务、五个学习活动:

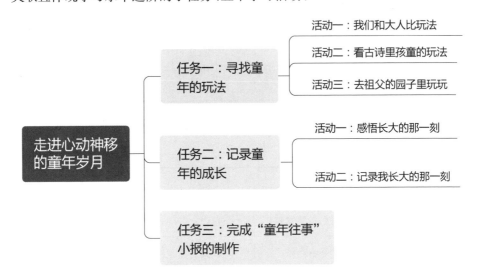

为更好地完成单元主题任务,我们立足童年成长的生活逻辑,将主题任务情境分解成"寻找童年的玩法""记录童年的成长"和"完成'童年往事'小报的制作"三个子任务,形成结构化的语文实践活动链。

任务一:寻找童年的玩法。爱玩是孩子的天性,玩是孩子童年时代最重要的生活方式之一。大文豪鲁迅小时候特别喜欢玩,百草园是他玩耍的乐园——在泥墙根听油蛉低唱、蟋蟀弹琴,翻开断砖找蜈蚣与斑蝥,拔过何首乌的藤,摘过覆盆子,也在冬天捕过鸟……顺应童年的天性,先让学生走进第一个子任务——寻找童年的玩法,采访大人们的童年岁月,和他们比一比童年的玩法,看看古诗里孩童的天真玩法,最后到萧红祖父的园子里去自由地玩耍,感受不同时代、不同作品、不同人物的童年生活,开阔视野,从而发现童年成长的密码,汲取童年成长的力量,关注自我正在经历的童年生活。

任务二:记录童年的成长。不知不觉中,孩子在慢慢地长大。童年是一块调色板,不停地调呀调,调出成长的五彩记忆;童年也是一块魔方,轻轻地转呀转,转出成长的喜怒哀乐。经历了"寻找童年的玩法"后,引领学生走进第二个子任务——记录童年的成长。先让学生去"感悟长大的那一刻"——唐代诗人孟郊对慈母"临行密密缝,意恐迟迟归"的感恩,国学大师季羡林对故乡小月亮的无尽思念,陈慧瑛又见故乡梅花开的悲凉;再联系自我的童年成长经历,产生共鸣,"记录我长大的那一刻"——与同伴交流童年成长的故事,再现自我长大的"那一刻",并在分享中继续成长,在感受童真童趣的审美体验中,逐步形成积极主动、健康向上的审美情趣,提升运用语言文字表现童年生活美的能力。

任务三:完成"童年往事"小报的制作。把寻找到的童年的玩法和记录下的童年的成长,按照自己喜欢的方式,编辑在"童年往事"小报上。完成这份小报的制作,并和身边人一起交流分享。

四、活动与建议

(一)活动设计

任务一　寻找童年的玩法

学习情境:同学们,你们喜欢玩吗? 童年的天性就是爱玩! 让我们一起走进爱玩的童年,去采访身边大人们的童年岁月,和他们比一比童年的玩法;去看看古诗里的孩童们天真有趣的玩法,感受古代孩子的无邪与悠闲;最后到萧红祖父的园子里去自由地玩一玩,一起分享萧红不同寻常的童年经历。课后,把这些寻找到的童年的玩法写在你想制作的"童年往事"小报上,既可大家一起分享,也可推荐给弟弟妹妹们。大家有兴趣吗?

活动一:我们和大人比玩法

1. 访一访。用采访的形式去问一问大人们的童年生活是怎样的。根据事先准备好的两张问题清单,先从不同方面提问,再围绕一个话题提出多个问题进行采访。采访时要认真、耐心地听大人讲话,一边听一边作简单的记录,不随意打断大人的讲话,遇到不明白或感兴趣的内容可以适当追问。采访完成以后,进行整理记录,具体见下表。

采访身边大人的童年岁月

被采访大人的称谓：_____   采访者：_____   采访日期：_____

问 题 清 单 一	
1	
2	
3	
4	
5	

备注：此表从不同方面向大人提问。

问 题 清 单 二	
1	
2	
3	
4	
5	

备注：此表围绕一个话题向大人提出多个问题。

采访记录整理	
采访到的大人童年情况	

（续　表）

采访记录整理	
我的感受	

2. 比一比：和大人们比一比童年。引导学生思考：大人们小时候玩过哪些玩具？最喜欢玩的是什么？是怎样玩的？……而我现在有哪些玩具？最喜欢玩的是什么？与大人们小时候有什么不同？从中，我感受最深的是什么？根据自己采访后整理的记录，有条理地表达。在比一比中，感受身边的大人和自己不同的童年，分享不同年代不同人的快乐童年。

活动二：看古诗里孩童的玩法

1. 悟一悟"童孙学种瓜"的乐趣。初夏时节，"村庄儿女"忙得不可开交，男耕女织，昼耘田，夜绩麻，童孙耳濡目染，虽"未解供耕织"，却"也傍桑阴学种瓜"——也许操持农具笨手笨脚，也许种瓜点豆像模像样，也许满身沾满污泥，也许得意溢满可爱笑脸……总之，"学种瓜"中充满了孩童无限的玩的乐趣。

2. 画一画"稚子弄冰"的快活。一大早，稚子发现盆中结了冰，便兴致勃勃地将冰从盆中取了出来，用彩色的丝线穿过冰块，提在手中，当作银钲敲打。那清脆的声音穿过树林，甚是悦耳。忽然"啪"的一声，冰块掉在地上碎了。这就是稚子玩冰的快活。让学生用连环画的形式，画一画"稚子弄冰"的整个过程，一起分享快乐。

3. 说一说"牧童吹笛"的自由。乡村的傍晚，茂盛的青草，丰盈的池水，山衔落日，波纹涟漪，多么令人陶醉的画面！更妙的是此情此景中，有一个归家的牧童，横坐在牛背上，吹着短笛，没有曲调，随口而吹。这是一个多么自由、悠闲、无忧无虑的牧童！带领学生一起来说一说牧童吹笛、横坐牛背的自由乐趣。

4. 找一找古诗里的更多玩法。让学生读读下面的古诗，发现古代孩童更多的玩法，与大家一起交流，进一步感受古代孩童玩的智慧、乐趣以及天真和烂漫。

池 上

［唐］白居易

小娃撑小艇，
偷采白莲回。
不解藏踪迹，
浮萍一道开。

所 见

［清］袁枚

牧童骑黄牛，
歌声振林樾。
意欲捕鸣蝉，
忽然闭口立。

小儿垂钓

［唐］胡令能

蓬头稚子学垂纶，
侧坐莓苔草映身。
路人借问遥招手，
怕得鱼惊不应人。

宿新市徐公店

［宋］杨万里

篱落疏疏一径深，
树头新绿未成阴。
儿童急走追黄蝶，
飞入菜花无处寻。

活动三：去祖父的园子里玩玩

1. 读一读。让学生带着自由和愉悦的心情读一读课文中的三组生字新词（第一组写祖父园子里的小动物，第二组写"我"在祖父园子里做的事情，第三组描写祖父园子里事物的特征），去初步感受童话般的"祖父的园子"和"我"不一般的童年生活环境。再引导学生随着萧红诗意而儿童化的语言，走进祖父的园子，在随性的课文朗读中，围绕"你认为这是一个怎样的园子"，初步了解内容，理清课文脉络。

蝴蝶	蜻蜓	蚂蚱	蜜蜂
栽花	拔草	铲地	瞎闹
圆滚滚	明晃晃	毛嘟嘟	蓝悠悠

2. 议一议。让学生默读课文,说说祖父的园子里有些什么,"我"和祖父在园子里做了些什么。用上"祖父的园子里有_____,有_____,有_____……'我'和祖父在园子里(做)_____,(做)_____,(做)_____……"的句式来说一说。引导学生找出文中自己印象深刻的关于景和事的描写语段,通过朗读体会"我"的内心感受,学习作者寄情于景、寓情于事的写作方法。

3. 写一写。这童年里美好的一切,萧红是忘不了的。于是,她就用最质朴的文字写成了《呼兰河传》。(出示书的封面)引导学生猜一猜,萧红在书里还会写哪些内容。带着学生一起读读课本"阅读链接"中的片段,说说有什么感受。著名作家茅盾称《呼兰河传》是"一篇叙事诗,一幅多彩的风土画,一串凄婉的歌谣",课外读读萧红的《呼兰河传》,完成读书成长笔记。

我的读书成长笔记

阅读书名:_____   阅读时间:_____   阅读内容:第____

章(页)到第____章(页)

★ 优美语段摘录:_____

_____

_____

★ 我的阅读感受:_____

_____

_____

任务二　记录童年的成长

学习情境:寻找了童年的玩法后,我们要一起记录童年的成长,感悟长大的"那一刻"。这里有成长中的各种情感体验,有感恩,有思念,也有悲凉。当然,我们也要用童年的笔记录自己长大的那一刻。先与大家来一个童年故事大比拼,然后抒写自己长大那一刻的精彩美文,与同学美美地分享,最后安排在自己想制作的"童年往事"小报上,在展览与交流中继续快乐地成长!

活动一:感悟长大的那一刻

1. 感受"临行密密缝"的感恩。让学生读读"日积月累"中的《游子吟》,说说诗句的意思,并且想一想:这首诗中哪个细节让你最受感动?你从中获得了哪些"那一刻"中成长的力量?

2. 体会对故乡小月亮的思念。让学生阅读国学大师季羡林的散文名篇《月是故乡明》,说说季羡林小时候在故乡喜欢干哪些事情,离开故乡后,又看到了哪些地方的月亮。联系课文和生活实际,想一想:为什么每逢良辰美景,季羡林想到的仍然是故乡苇坑里的那个平凡的小月亮?完成下面的思维导图。

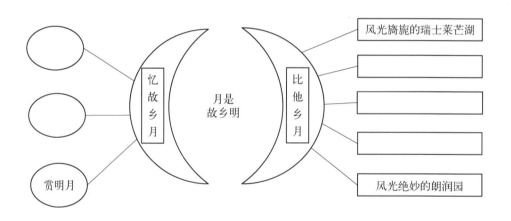

每逢良辰美景,季羡林想到的仍然是故乡苇坑里的那个平凡的小月亮,是因为 _____

_____ 。

3. 感悟又见梅花开的悲凉。让学生阅读陈慧瑛的散文《梅花魂》,想一想:在"我"的童年生活中,外祖父的哪些事给我留下了深刻的印象?见到故乡梅花又开的时候,为什么总让"我"想起漂泊他乡、葬身异国的外祖父?与同学交流,深切感悟身在异国的一位华侨老人的一颗爱国心、一片赤子情、一个民族魂,并完成下面的思维导图。

吟诗
落泪

梅花魂

4. 寻找更多童年的味道。在阅读《游子吟》《月是故乡明》《梅花魂》的基础上,安排阅读延伸环节,让学生阅读琦君的《桂花雨》、朱自清的《背影》和林海音的《爸爸的花儿落了》,理一理这三篇文章中,作家的童年是怎样的,有哪些打动人的"那一刻",从中得到了什么启迪。

活动二：记录我长大的那一刻

1. 举办"童年故事大比拼"活动——我的童年故事我来讲：读了这么多名人作家的童年往事,你是否也想起了藏在自己影集、日记、心中的童年故事? 选一件印象最深刻的事情讲给大家听,比一比谁讲得最动听、最能吸引人。

2. 动笔再现长大的那一刻。带领学生学习单元习作内容"那一刻,我长大了",把自己讲给大家听的童年故事写下来。写前出示"分享成长故事评价表",根据评价要求写作文。

分享成长故事评价表

班级：_____   第（ ）小组   姓名：_____   时间：_____

评价内容	自评	小组成员评	老师评
选取印象最深的事情（典型事件），体现"成长"	☆☆☆	☆☆☆	☆☆☆

评价内容	自评	小组成员评	老师评
把事情的经过写清楚	☆☆☆	☆☆☆	☆☆☆
写具体长大"那一刻"的情形,记录真实的感受(借助人物的动作、语言、神态、心理以及环境描写等细节)	☆☆☆	☆☆☆	☆☆☆
语言生动形象,能表达自己的真情实感	☆☆☆	☆☆☆	☆☆☆
总体评价	☆☆☆	☆☆☆	☆☆☆

3. 全景式分享长大那一刻的故事。学生完成习作后,按照"分享成长故事评价表"的要求,进行自评、小组成员评、老师评,根据评价情况进行现场展示和个性化修改。语文老师在班级墙报中开辟专栏"那一刻,我长大了"进行优秀习作展示,请入选者介绍写作的经验,请学生评委进行点评,请赏析者交流获得的启迪,多元互动,促进学生"再成长"。

（二）教学建议

1. 落实语文学科的"核心素养"。本单元以"童年往事"为人文主题编排教材内容,属于"文学阅读与创意表达"学习任务群的范畴。在各项语文实践活动中,四方面的核心素养可以这样落实和深化:在"文化自信"方面,通过引导学生走进不同时代、不同作品、不同人物的童年生活世界,感受丰富多彩的童年生活,开阔视野,从中发现童年成长的密码,汲取童年成长的力量,关注自己正在经历的童年生活;在"语言运用"方面,通过阅读各种体裁的童年生活作品,主动积累表现童真童趣的语言,想象并说出文中语句所描绘的情景,发现并运用"通过对比强调情感"的表达方法,抓住事情经过中的细节描写来展现自己"那一刻"的内心感受;在"思维能力"方面,通过思维导图的形式梳理童年生活经历,抓住童年生活的典型事例和细节描写进行联想想象、分析比较、归纳判断,培养思维的灵活性、深刻性和独创性,以及勇于探索创新、积极思考的习惯;在"审美创造"方面,通过理解、欣赏和评价描述童年生活的语言文字和段落,获得饱含童真童趣的审美体验,形成积极主动、健康向上的审美情趣,提升运用语言文字表现童年生活的能力。

2. 单元课时整体安排建议。"任务一：寻找童年的玩法"6 课时，其中"活动一：我们和大人比玩法"1 课时，"活动二：看古诗里孩童的玩法"2 课时，"活动三：去祖父的园子里玩玩"3 课时；"任务二：记录童年的成长"7 课时，其中"活动一：感悟长大的那一刻"4 课时，"活动二：记录我长大的那一刻"3 课时；"任务三：完成'童年往事'小报的制作"课后完成。

3. 制订精准的评价量表，落实"教—学—评"一体化机制。"新课标"提出教、学、评要一体化，倡导用逆向思维去考虑学习任务群的教学设计，设置相应的评价目标，让评价前置。对于每项学习任务或是语文实践活动，都应形成相关的评价细则，制订精准的评价量表，让学生明确什么是好的表现和成果，什么是还需要努力的表现和成果，并对照自己和同伴的行为，引发自我学习反思。制订的评价量表要紧扣目标和要求，清晰而不含糊。对于学生在语文实践活动过程中表现出来的学习态度、参与程度及核心素养发展水平，需要重点考查。依据第三学段的学习内容和学业质量要求，广泛收集关键表现、典型作业和阶段性测试等数据，体现多元主体、多种方式的过程性评价特点。

第十讲　仰望古典名著的星空

——统编教材五年级下册第二单元"文学阅读与创意
表达"学习任务群设计

（一）主题的确立

和唐诗宋词一样,古典名著是文学的宝藏,永远值得后人仰望。本单元为古典名著学习单元,是小学阶段第一次安排古典名著的集中学习。教材在单元页中开宗明义:观三国烽烟,识梁山好汉,叹取经艰难,惜红楼梦断。单元学习主题直指四大古典名著。根据教材的特点以及学生的学情,创设一个具有统领性的学习情境:为学校布置一条四大名著文化长廊。

（二）内容的归属

本单元的四篇课文,加上"怎么表演课本剧"的口语交际、"写读后感"的习作、《语文园地》以及"读古典名著,品百味人生"的"快乐读书吧",都旨在带领学生走进中国古典名著,初步学习阅读古典名著的方法,把握文本的主要内容,感受主要人物的特点,并产生阅读古典名著的兴趣。因此,本单元以"文学阅读与创意表达"学习任务群组织教学活动。

（三）内容的组织

本单元学习的内容,以五年级下册第二单元的教材文本为主,内容非常丰富,"快乐读书吧"中对四大名著的推荐阅读,会使本单元的学习延续较长的一段时间。另外,在学习内容的组织上,将采用变序、重组等策略,实现学习任务群的有效推进。

序号	单元学习目标	单元学习评价
1	通过单元课文的学习,认识51个生字,读准5个多音字,会写26个字,会写17个词语,了解课文的主要内容,感受主要人物的特点。	★ 创设词汇情境,考查学生字词掌握情况;通过思维导图、表格式填空等形式,评价学生对课文主要内容和主要人物特点的掌握情况。
2	初步了解阅读古典名著的方法,能联系上下文猜测语句的意思,用借助资料、结合影视剧等方法激发阅读古典名著的兴趣。	★ 设置阅读语境,对学生掌握的阅读名著的方法、联系上下文猜测语句意思的能力及阅读古典名著的兴趣进行考查和评价。
3	能主持关于"怎么表演课本剧"的讨论,积极参与、发表意见,通过协商形成一致的看法,能认真听取别人的意见,尊重大家的共同决定。	★ 设计三级水平评价量表,对学生在口语交际中表现出来的学习态度、参与程度和核心素养发展水平进行多元主体、多种方式的评价。(见附录1)
4	初步了解写读后感的基本方法,选择读过的一篇文章或一本书写读后感。	★ 按照三级水平评价量表,对开展文学阅读后进行创意表达的内容予以全方位评价,既关注习作结果,更关注习作过程。(见附录2)
5	通过学习"快乐读书吧",产生阅读中国古典名著的兴趣,了解故事内容,乐于与大家分享课外阅读成果。	★ 观察学生在名著导读课、推进课和分享课中的关键表现以及阅读名著后呈现的相关作品,并进行评价。

附录1:

"怎么表演课本剧"三级水平评价标准

评价项目	评价内容	一级水平	二级水平	三级水平
做主持人	能否明确提出讨论任务,清楚说明讨论的标准	讨论任务的提出比较含糊,讨论的标准不够明确	能基本明确地提出讨论的任务,基本清楚地说明讨论的标准	能明确提出讨论任务,清晰说明讨论的标准,讨论话题集中有效
	能否引导每个组员发表意见	任由组员发表意见,对不发言的组员不加引导,讨论的氛围不佳	能基本做到引导每个组员发表自己的意见,讨论的氛围一般	能积极引导每个组员发表自己的意见,讨论的氛围融洽
	能否在组员意见不同时协商一致	当组员的意见不统一时,主持人提不出标准再次组织讨论,不能协调不同的意见,任由组员持有自己的看法	当组员的意见不统一时,主持人能提出标准再次组织讨论,但协调不了不同的意见,大家各自持有自己的看法	当组员的意见不统一时,主持人明确标准再次组织讨论,能主动积极地协调不同意见,最后形成组内的一致看法
	主持人总体印象	欠佳	一般	优秀
组员表现	参与状态是否积极	在主持人和组员的提醒和督促下参与讨论,比较被动	比较积极地参与讨论,有良好的学习情绪	积极主动地参与讨论,情绪高涨,学习过程愉悦
	能否清楚表达自己的想法,认真听取别人的意见	表达自己的想法比较含糊,没有很好地听取别人表达的意见	能把自己大部分的想法表达清楚,也能比较认真地听取别人的意见	能清楚表达自己的想法,认真听取别人的意见,讨论效果好
	能否尊重大家的共同决定	当大家讨论后的共同决定与自己的想法不一致时,坚持自己的想法	当大家讨论后的共同决定与自己的想法不一致时,能基本尊重大家的共同决定	当大家讨论后的共同决定与自己的想法不一致时,尊重大家的共同决定
	组员表现总体印象	欠佳	一般	优秀

"怎么表演课本剧"三级水平评价表

班级：_____ 第（ ）小组 姓名：_____ 时间：_____

评价项目	评价内容	自评	小组评	全班评	师评
做主持人	能否明确提出讨论任务，清楚说明讨论的标准	☆☆☆	☆☆☆	☆☆☆	☆☆☆
	能否引导每个组员发表意见	☆☆☆	☆☆☆	☆☆☆	☆☆☆
	能否在组员意见不同时协商一致	☆☆☆	☆☆☆	☆☆☆	☆☆☆
	主持人总体印象	☆☆☆	☆☆☆	☆☆☆	☆☆☆
组员表现	参与状态是否积极	☆☆☆	☆☆☆	☆☆☆	☆☆☆
	能否清楚表达自己的想法，认真听取别人的意见	☆☆☆	☆☆☆	☆☆☆	☆☆☆
	能否尊重大家的共同决定	☆☆☆	☆☆☆	☆☆☆	☆☆☆
	组员表现总体印象	☆☆☆	☆☆☆	☆☆☆	☆☆☆

附录2：

"写读后感"三级水平评价标准

评价项目	评价内容	一级水平	二级水平	三级水平
写读后感	是否积极主动地参与习作全过程	在老师和同学的提醒和督促下参与习作的全过程，能进行自我修改和评价，与同学交换修改和展示习作，行为比较被动	比较积极地参与习作的全过程，能修改、评价和展示自己的习作，有良好的学习情绪	积极主动地参与习作的全过程，乐于与同学讨论和分享，不断提升习作水平，情绪饱满，学习过程愉悦

评价项目	评价内容	一级水平	二级水平	三级水平
写读后感	习作题目是否恰当	习作题目不是很恰当,有待进一步改进	习作题目基本恰当,还可以选择更好的	习作题目很恰当,紧扣习作的内容或中心
	文章结构是否合理	文章结构需要修改,要补充相关的内容,符合写读后感的要求	文章结构基本合理,优化相关的内容安排后,结构会变得更好	文章结构合理,内容完整,重点突出,完全符合读后感的内容要求
	表达感想是否清楚	表达的感想不够清楚、具体、突出,需要进一步修改	表达的感想基本清楚,比较真实、具体,可以再次修改	表达的感想清楚、真实、具体,能吸引人,给人以启发
	总体评价	欠佳	一般	优秀

"写读后感"三级水平评价表

班级:_____　　第(　　)小组　　姓名:_____　　时间:_____

评价项目	评价内容	自评	小组评	全班评	师评
写读后感	是否积极主动地参与习作全过程	☆☆☆	☆☆☆	☆☆☆	☆☆☆
	习作题目是否恰当	☆☆☆	☆☆☆	☆☆☆	☆☆☆
	文章结构是否合理	☆☆☆	☆☆☆	☆☆☆	☆☆☆
	表达感想是否清楚	☆☆☆	☆☆☆	☆☆☆	☆☆☆
	总体评价	☆☆☆	☆☆☆	☆☆☆	☆☆☆

- - - - - - - - - - - - - - - ▶ 三、情境与任务 - - - - - - - - - - - - - - -

　　根据古典名著单元多重的教学目标、丰富的教材内容,结合学生学习的现实生活,提炼出一个统摄目标与内容,统领情境、任务与教学活动的单元大情境主题,那就是"为学校布置一条四大名著文化长廊"。以此情境为载体,串起整个单元的学习,唤醒学生主体意识,激发学生学习兴趣,开启这个单元的学习。

围绕"为学校布置一条四大名著文化长廊"这个大任务,整合四项子任务、八个学习活动进行学习:

上述任务框架中,采用变序的手法,调整教材资源的教学次序,把《猴王出世》提前到第一篇来学习,正好吻合"快乐读书吧"中对四大名著的重点推介;把口语交际"怎么表演课本剧"提前,与《草船借箭》的学习相融合;把习作"写读后感"提前,与《景阳冈》的学习整合起来。

本单元的学习任务群设计,对原自然单元的教学内容以一定的结构方式进行重组,打破教材单篇课文按序教学的模式,重新审视单元各板块的教学价值,形成结构合理、相互关联、彼此促进的"学习任务群"学习模式。

五年级下册第二单元教学内容重组一览表

学习任务	主要教学活动	单元教学内容重组
大话西游	活动一:跟着悟空闯西天	★《猴王出世》 ★《语文园地》"交流平台"中其中两种理解名著内容的方法:联系上下文猜测
	活动二:西游故事大展播	语句意思和结合影视剧加深理解

学习任务	主要教学活动	单元教学内容重组
		★《语文园地》"词句段运用"中知道四字词语(喜不自胜、瞑目蹲身、拱伏无违、序齿排班)意思的方法和根据外貌猜人物(孙悟空)的内容 ★"快乐读书吧""你读过吗"中对《西游记》整本书的导读推介 ★"快乐读书吧""你读过吗"中对古代长篇小说章回体和回目特点的介绍 ★古典名著《西游记》的整本书阅读
笑看三国	活动一：做一回演员 活动二：与三国人物比智慧	★《草船借箭》 ★口语交际"怎么表演课本剧" ★《语文园地》"词句段运用"中根据外貌猜人物(诸葛亮)的内容 ★"快乐读书吧""相信你可以读更多"中对《三国演义》整本书的导读推介 ★古典名著《三国演义》的整本书阅读
玩转水浒	活动一：与梁山好汉对话 活动二：戏说水浒英雄	★《景阳冈》 ★习作"写读后感" ★《语文园地》"交流平台"中其中一种理解名著内容的方法：借助资料了解人物 ★《语文园地》"词句段运用"中猜出词语的大致意思(榜文等)、知道四字词语(请勿自误)意思的方法和根据外貌猜人物(武松)的内容 ★"快乐读书吧""相信你可以读更多"中对《水浒传》整本书的导读推介 ★古典名著《水浒传》的整本书阅读
开卷红楼	活动一：不只是放风筝很有趣 活动二：看"红楼"里的别样风景	★《红楼春趣》 ★《语文园地》"交流平台"中其中一种理解名著内容的方法：较难理解的语句不用反复琢磨 ★"快乐读书吧""相信你可以读更多"中对《红楼梦》整本书的导读推介 ★古典名著《红楼梦》的整本书阅读

（一）活动设计

任务一　大 话 西 游

活动一：跟着悟空闯西天

1. 赏一赏。欣赏与《猴王出世》有关的影视片段（课前观看，课始交流），能根据外貌描写猜出是孙悟空，激发学生阅读名著的兴趣。

> 身穿金甲亮堂堂，头戴金冠光映映。手举金箍棒一根，足踏云鞋皆相称。一双怪眼似明星，两耳过肩查又硬。

2. 读一读。读读课文《猴王出世》，了解课文主要内容，用联系上下文猜测、抓住关键字等方法理解"喜不自胜""瞑目蹲身""拱伏无违""序齿排班"等词语的意思。

3. 析一析。通过对猴王出世和猴子称王等情节的整理分析，感受猴王的性格特征，借助思维导图用自己的话说说石猴出世及成为猴王的过程。

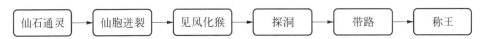

仙石通灵　→　仙胞迸裂　→　见风化猴　→　探洞　→　带路　→　称王

活动二：西游故事大展播

1. 学一学。学习"快乐读书吧"中"你读过吗"的内容，了解书中描述的精彩故事，认识古代长篇小说章回体的特点和回目的作用。

2. 讲、演、评。引导学生进行《西游记》整本书的课外阅读（导读课），绘制取经路线图，能讲、演、评自己最感兴趣的西游故事，激发学生阅读《西游记》的兴趣，感受中华传统文化的魅力。

任务二　笑 看 三 国

活动一：做一回演员

1. 赏一赏。欣赏与《草船借箭》有关的影视片段,能根据外貌描写猜出是诸葛亮,激发学生阅读名著的兴趣。

> 身长八尺,面如冠玉,头戴纶巾,身披鹤氅,飘飘然有神仙之概。

2. 读一读。学习课文《草船借箭》,认识"瑜"等 9 个生字,会写"妒忌"等 12 个词语,能按照起因、经过和结果的顺序说出故事主要内容,通过理解关键语句初步了解故事中人物的特点,能大致读懂"阅读链接"中的原著片段,体会文言文和白话文的基本特点。

神机妙算　借箭成功

生性多疑　下令射箭　　　　(结果)

妒忌才干　设计陷害　　　(经过)

(起因)

3. 演一演。学习口语交际"怎么表演课本剧",能主持讨论,引导每个组员积极参与并发表意见,参与讨论时能认真听取别人的意见,尊重大家的共同决定。围绕文本素材《草船借箭》进行课本剧的排练与表演。

活动二：与三国人物比智慧

1. 学一学。学习"快乐读书吧"中"相信你可以读更多"里对《三国演义》概括介绍的内容,初步留下对《三国演义》的总体印象。

2. 做一做。引导学生进行《三国演义》整本书的课外阅读(导读课),设计三国英雄人物名片,制作三国战争图谱,提升阅读成效,激发学生阅读《三国演义》的兴趣,感受中华传统文化的魅力。

任务三　玩 转 水 浒

活动一：与梁山好汉对话

1. 赏一赏。欣赏与《景阳冈》有关的影视片段,能根据外貌描写猜出是武松,借助资料了解名著中的人物,激发学生阅读名著的兴趣。

> 身躯凛凛,相貌堂堂。一双眼光射寒星,两弯眉浑如刷漆。胸脯横阔,有万夫难敌之威风;语话轩昂,吐千丈凌云之志气。

2. 读一读。学习课文《景阳冈》,认识"倚"等 17 个生字,读准"绰"等 3 个多音字,会写"半夜三更"等 5 个词语,遇到不懂的词语能猜测大致意思(如榜文等),知道理解"请勿自误"等词语的方法,能借助思维导图,按故事发展的顺序说出课文主要内容,详细讲述"武松打虎"的部分,能对英雄人物做出评价。

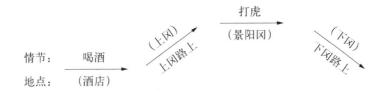

3. 写一写。学习习作内容"写读后感",初步了解写读后感的基本方法,能写读了《景阳冈》后的感受。

活动二：戏说水浒英雄

1. 学一学。学习"快乐读书吧"中"相信你可以读更多"里对《水浒传》概括介绍的内容,初步留下对《水浒传》的总体印象。

2. 做一做。引导学生进行《水浒传》整本书的课外阅读(导读课),撰写水浒英雄颁奖词,为水浒人物创作连环画,提升阅读成效,激发学生阅读《水浒传》的兴趣,感受中华传统文化的魅力。

英雄好汉林冲颁奖词

　　凛凛寒风,铮铮铁骨,昭昭正气,凄凄命运。他,只想在平静中度过自认完美的一生;他,只想和心爱的妻子白头偕老。可天不遂人愿,无端降祸,但他认了。

　　官不愿他幸,故意刁难,他忍了;可友又置他于死地,他忍无可忍,终于反抗了。仇报了,家亡了,心死了,念了了,逼上梁山,了此残生。

任务四　开卷红楼

活动一:不只是放风筝很有趣

1. 赏一赏。欣赏与《红楼梦》有关的影视片段,激发学生阅读名著的兴趣。

2. 读一读。学习课文《红楼春趣》,认识"恰"等 10 个生字,读准多音字"喇",懂得名著中较难理解的语句不用反复琢磨的阅读方法,能结合思维导图大致了解故事内容,说出对宝玉的印象。

活动二:看"红楼"里的别样风景

1. 学一学。学习"快乐读书吧"中"相信你可以读更多"里对《红楼梦》概括介绍的内容,初步留下对《红楼梦》的总体印象。

2. 做一做。引导学生进行《红楼梦》整本书的课外阅读(导读课),会做红楼经典诗词卡,能探究书中的文化,如饮食文化等,提升阅读成效,激发学生阅读《红楼梦》的兴趣,感受中华传统文化的魅力。

任务拓展一

　　古典名著课外阅读推进和阅读分享,安排 8 课时,分别为古典名著《西游记》

《三国演义》《水浒传》《红楼梦》的推进课和分享课。

以《水浒传》为例,推进课的语文实践活动安排如下:

1. 交流。交流阅读进度,汇报阅读感受,解决学生阅读过程中遇到的困难。

2. 聚焦。聚焦典型人物、情节等内容,学习阅读名著的基本方法,交流撰写颁奖词和创作连环画的学习成果。

3. 拓展。适度拓展古典名著小说阅读的主题视角,有效推进后续阅读。

以《水浒传》为例,分享课的语文实践活动如下:

1. 分享故事。分享学生感兴趣的好汉人物、故事情节等,为布置名著文化长廊提供相关作品。

2. 分享方法。分享学生自主选择的读书方法,推动读书方法的积累和运用。

3. 分享疑问。分享学生读书中产生的疑问,激发学生阅读古典名著的兴趣。

任务拓展二

总结单元学习成果,建构对古典名著的认识,完成"古典名著单元学习自我评价与反思",安排1课时,其主要的学习活动为:

1. 理一理:学习了本单元,你积累了哪些古典名著中的词汇? 学到了哪些阅读古典名著的方法? 哪些故事和人物给你留下了深刻的印象? 你学习的最大收获是什么? 请与同学一起交流。

2. 做一做:摘录单元学习材料中值得鉴赏的词句和重点段落,整理单元学习过程中的阅读感悟、作业片段和收获体会等,制作成以"读古典名著,品百味人生"为主题的学习小报,呈现自己的学习成果,与大家分享。

3. 选一选:选择自己喜欢的阅读方式,继续阅读四大名著,感受中华传统文化的博大精深。

古典名著单元学习自我评价与反思

班级：＿＿＿＿＿＿　　　姓名：＿＿＿＿＿＿

一、我的学习情况

1. 对古典名著单元的学习情况,我觉得自己的表现＿＿＿＿＿＿(优秀、良好、一般、需努力),因为＿＿＿＿＿＿＿＿＿＿＿＿＿＿＿＿。

2. 我阅读了古典名著＿＿＿＿＿＿＿＿＿＿＿＿(《西游记》《三国演义》《水浒传》《红楼梦》),我最喜欢读＿＿＿＿＿＿＿＿＿＿,因为＿＿。

3. 我对自己写的读后感是＿＿＿＿＿＿(满意的、一般的、需努力的)。另外,我还参加过的语文实践活动有＿＿＿＿＿＿＿＿＿＿＿＿。

二、我的收获

1. 学习了古典名著单元,我积累的古典名著中的词汇有:＿＿＿＿＿＿＿＿＿＿＿＿＿＿＿＿＿＿＿＿＿＿＿＿＿＿＿＿＿＿＿＿。

2. 学习了古典名著单元,我学到的阅读古典名著的方法有:＿＿＿＿＿＿＿＿＿＿＿＿＿＿＿＿＿＿＿＿＿＿＿＿＿＿＿＿＿＿＿。

3. 给我留下深刻印象的故事和人物有:＿＿。

4. 我的收获还有:＿＿。

三、我的不足

在本单元古典名著学习的过程中,我觉得还需要改进或克服的有:

＿＿

(二)教学建议

1. 重视学习兴趣的激发。本单元任务群学习,是小学生第一次接触古典名著,在学习过程中会碰到生僻的词句、晦涩难解处以及年代的陌生感等诸多阅读障碍。因此,激发学习兴趣,搭建阅读支架,通过任务驱动来帮助学生低起点、缓坡度地行进,成了教学实践中首先需要考虑的问题。可以适度结合相关影视资源,也可以创设多种方式的读书交流活动,如讲故事、演课本剧、分享读书成果等,让阅读古典名著变得有滋有味。

2. 适切把握教学的尺度。本单元选文,除了《草船借箭》是经过编者改写后选入教材的,其他三篇都是遵照原文的选段编入。文中的一些语句,学生理解起来难度很大,教师要适切把握教学的尺度,不必要求学生彻底搞清,允许囫囵吞枣,能根据上下文的联系,大致猜出意思就行,不需要细究。对于阅读古典名著的方法,也是初步学习,不要随意拔高要求,要保护学生阅读的自信心,让学生愿意读、喜欢读。

3. 推行课外阅读课程化的实施。本单元安排了以"读古典名著,品百味人生"为主题的"快乐读书吧",构建了"精读""略读""快乐读书吧"三位一体的阅读体系。因此,在学习任务群的设计和实践中,改变了传统教学只重视"精读"和"略读"教学的倾向,站在课程的高度探讨"快乐读书吧"的教学,不照本宣科,用拓展的思维,研究整本书阅读,推出导读课、推进课和分享课三种类型的课外阅读指导课。以《水浒传》为例,三种课型的课堂学习目标和要落实的语文要素如下表:

《水浒传》课堂学习目标及语文要素落实一览表

课型	课堂学习目标	语文要素
导读课	1. 通过看书名、知作者、赏回目、读故事等方法的引领,让学生初步懂得读《水浒传》的一般方法。 2. 围绕《水浒传》中的重点人物,赏析人物描写片段,体会人物性格特点,学习用对比联系的方法阅读古典名著。 3. 激发学生阅读《水浒传》的兴趣。	★ 初步学习阅读古典名著的方法; ★ 激发学生阅读古典名著的兴趣,养成良好的阅读习惯。
推进课	1. 通过交流阅读《水浒传》的进度,汇报阅读感受,有针对性地解决学生阅读过程中遇到的困难。 2. 聚焦《水浒传》中的典型情节内容,借助学习单、微课、卡片等工具来学习阅读名著的基本方法。 3. 适度拓展名著阅读的主题视角,激发进一步阅读的兴趣,有效推进学生后续的课外阅读。	★ 梳理阅读感受,提高阅读能力,探究阅读规律; ★ 学习阅读古典名著的方法,推进后续阅读。

课型	课堂学习目标	语文要素
分享课	1. 用自己喜欢的方式与同伴分享《水浒传》中感兴趣的好汉人物、故事情节、语言积累等,加深对英雄人物性格特点的感悟。 2. 与同伴分享自主选择的读书方法,推动阅读古典名著方法的积累和运用。 3. 彼此分享阅读《水浒传》时产生的疑问,激发持续阅读古典名著的兴趣。	★ 分享古典名著的魅力,传承经典文化的精髓; ★ 积累阅读古典名著的方法,为今后的名著阅读打下基础。

4. 注重学生语文核心素养的培育。"新课标"指出:"核心素养是学生通过课程学习逐步形成的正确价值观、必备品格和关键能力,是课程育人价值的集中体现。义务教育语文课程培养的核心素养,是学生在积极的语文实践活动中积累、建构并在真实的语言运用情境中表现出来的,是文化自信和语言运用、思维能力、审美创造的综合体现。"在学习任务群教学中,要围绕语文课程的核心素养,设计学生喜闻乐见的语言实践活动,让学生在真实的语言运用情境中主动参与。本单元学习任务群中,设计了以下语言实践活动项目:

古典名著单元语言实践活动项目一览表

学习任务	语言实践活动项目	活动项目说明	核心素养分析
大话西游	1. 取经路线图,我能绘制 2. 西游故事,我能讲、演、评	取经路线图是对《西游记》情节的梳理,可实现阅读成果的可视化;讲、演、评西游故事,使课外阅读成果得到展示。	阅读梳理与探究 语言运用
笑看三国	1. 我能设计三国人物名片 2. 三国战争图谱,我能制作	设计人物名片,能分析、概括人物故事和特点;用思维导图的形式制作战争图谱,有利于提升思维水平。	阅读分析与概括 思维能力
玩转水浒	1. 我能撰写水浒英雄颂奖词 2. 我为水浒人物创作连环画	撰写颂奖词是一种综合表达,需将事、理、情有机融合;连环画可将阅读内容转化为审美鉴赏与创造的成果。	语言表达与交流 审美创造

学习任务	语言实践活动项目	活动项目说明	核心素养分析
开卷红楼	1. 我会做红楼经典诗词卡 2. 我能探究书中的文化	做诗词卡,感悟古典诗词的魅力;梳理和探究书中自己感兴趣的一种文化,如饮食文化、茶文化、服饰文化、称谓文化、风俗文化等。	语言积累与建构 文化自信

第十一讲 红色之旅：铭记历史的声音

——统编教材六年级上册第二单元"文学阅读与创意
表达"学习任务群设计

▶ 一、主题与内容

（一）主题的确立

六年级上册第二单元为革命题材单元，根据课文特点，设计"红色之旅：铭记历史的声音"这一学习主题。

一是从课标角度来看，在第三学段中，要注重"感悟老一辈无产阶级革命家的英雄气概、优良作风和高尚品质，体会捍卫民族尊严、维护国家利益和世界和平的伟大精神"。在三个学段中，这一类课文呈现低中段分散、高年级集中的特点，旨在引导学生从初步接触和感受伟大革命人物的崇高品质，到在浓厚的革命文化氛围中感悟"革命领袖、革命先烈伟大的精神世界和人格力量，认识生命的价值"。

二是从教材角度来看，本单元围绕"革命岁月"这个主题编排了五篇课文。《七律·长征》概述了二万五千里长征的艰难历程，《狼牙山五壮士》写了抗日战争时期五位战士的英勇壮举，《开国大典》描写了中华人民共和国成立庆典中的宏大场面，《灯光》回忆了解放战争时期的一段往事，《我的战友邱少云》记叙了朝鲜战争中邱少云同志的英雄事迹。这几篇课文反映的是不同革命阶段，革命志士热爱祖国、舍生忘死的英雄气概和积极的革命乐观主义精神，是对学生进行爱国主义教育的合适载体。

三是从学段衔接来看，本单元的革命精神教育起到了承前启后的作用。五年级上册教材中，相关课文为《冀中的地道战》《小岛》等，五年级下册第四单元编排了三首古诗和三篇课文,使学生初步具备了通过细节感受人物内心的阅读能力。本单元集中罗列各个革命时期的故事,是极好的运用已知方法积累红色文化的切入口,为六年级下册第四单元的学习奠定基础,丰富"奋斗的历程"综合性学习的材料,加深学生对党的奋斗历程的认同感。

(二)内容的归属

《义务教育语文课程标准(2022 年版)》"文学阅读与创意表达"任务群第三学段包括三个方面的学习内容,其中一个是感悟革命领袖、革命先烈的伟大人格力量,通过交流体验认识生命的价值。这里提到的"感悟"和"体验",主要是通过品味人物细节描写、补充的背景资料、生动的场景描绘、个人的生活经验等来实现的。

六年级上册第二单元选编了一系列不同革命阶段的经典革命文化类课文,体裁多样,题材丰富,还有"交流平台""日积月累"等搭建支架,引导学生学会点面结合的场面描写方法,为建构"文学阅读与创意表达"学习任务群提供了丰富的学习资源,是新时代落实立德树人根本任务的重要载体。因此,本单元以"文学阅读与创意表达"学习任务群组织教学活动。

(三)内容的组织

六年级上册第二单元编排的五篇课文从不同侧面描述了革命的峥嵘岁月;口语交际"演讲"、习作"多彩的活动"以及《语文园地》中的"交流平台""词句段运用""书写提示"和"日积月累"都在为创意表达搭建平台;课后的"阅读链接"中选编了《菩萨蛮·大柏地》,丰富了学生对历史背景的认知。这些内容均适合通过重组、变序和凸显等方式,实现"文学阅读与创意表达"学习任务群的学习目标。

序号	单元学习目标	单元学习评价
1	自学 33 个生字和 39 个词语,整体了解课文内容。 大致了解《语文园地》"日积月累"中的三句名言,自主积累红色诗词。 结合思维导图的训练,把握主要内容,感受英雄伟力。	★ 能在具体的情境中,自主学习生字新词,通过学习单讨论并落实易错读音和易混淆字形,积累四字词语和红色诗词,再结合小组学习完成各课导图,进而把握课文主要内容。
2	抓住关键词句、人物细节描写及侧面描写,感受长征途中的艰难险阻,感悟五壮士、邱少云坚贞不屈的爱国情怀和不惜牺牲自己的奉献精神。	★ 能在具体的学习活动中,运用批注和朗读,重点关注环境描写、侧面描写及人物的语言、神态、动作等细节,进行比较与分析,结合过程性评价感受革命英雄、革命领袖的伟人风采以及他们在奋斗历程中的革命乐观主义精神。
3	初步领会点面结合的写法,了解点面结合既可以选一个面几个点,也可以选一个面一个点,有助于体现人物特点,强化描写的层次感,在此基础上开展读写融合的尝试。	★ 能结合第6、第7两课,大致领会场面描写是指一定场合下可知可感的有画面的情景描写,知道凸显人物个体的描写就是"点",人物群像的概括描写就是"面",并能通过自评和互评感悟这样写的方法和好处。
4	链接课外单篇红色主题阅读材料,能继续阅读不同革命阶段的英雄故事,体会革命先烈的崇高品质,积累英雄故事。 围绕一定的观点准备演讲,礼赞英雄。 能联系生活经验,运用点面结合的方法写好场面,并进行自主修改和互相修改。	★ 能主动阅读单篇红色故事,通过"1+X"联读,拓宽视野,并通过演讲,积累故事,分享情感;运用点面结合的方法写场面,既关注整个场景,又注意人物细节描写,写出活动中的体会。

　　"红色之旅：铭记历史的声音"学习主题的关键词是"铭记"和"声音"。走进革命岁月，开启红色之旅，从不同革命时期的先辈身上汲取力量，可以从不同角度创设不同的学习情境。

　　一是走进那段红色岁月。结合历史资料，初步了解本单元"革命岁月"的几个时期：第 5 课描写的万里长征发生于 1934 年 10 月—1936 年 10 月，属于土地革命战争时期；狼牙山五壮士的故事对应抗日战争时期，即 1931 年 9 月 18 日—1945 年 9 月 2 日；第 7 课描写的大典盛况明确交代了时间——1949 年 10 月 1 日，是中华人民共和国成立的日子；第 8 课的故事指向的是解放战争，即 1946 年 6 月—1950 年 6 月；第 9 课记叙的故事发生在抗美援朝时期，即 1950 年 10 月 25 日—1953 年 7 月 27 日。可以看出，教材基本按时间的先后顺序，列出了不同阶段的革命故事。以"听一听他们的热血故事"作为情境任务，组织学生读诗读文，梳理内容，理清阶段顺序，走进那段艰难而又热血的时光。

　　二是感念英雄之伟力。先结合第 5、第 8、第 9 课，品鉴关键词句、细节刻画、侧面描写等，复习强化已学的阅读技能。再花大力气组织第 6、第 7 两篇精读课文的学习，聚焦典型段落，领悟点面结合场面描写的特点、用处，并现场试写，通过写作技法感受革命先辈的英勇无畏、不怕牺牲。以"品一品激荡人心的场面"作为情境任务，交流与分享从细节中读到的人物精神，感受并运用场面描写的方法。

　　三是阅读与分享，创作与表达。不同阶段的革命故事千千万万，以"写一写我们的红色活动"作为情境任务，读写融合，引导学生在同伴分享的过程中丰富、加深自己的理解。

　　由此，"红色之旅：铭记历史的声音"学习主题，围绕"革命岁月"，设计了三个前后连贯的情境任务，建构了学习主题统领下的任务单元。

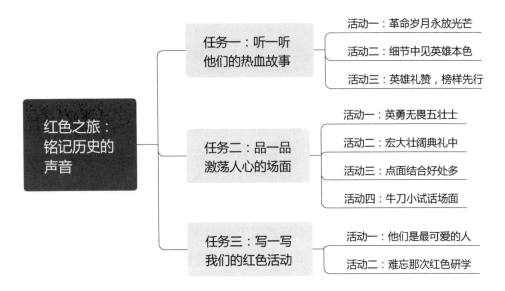

具体语文实践练习点如下：

任务一中，活动一主要是进行字词预学，查找故事发生时期，收集并摘抄红色诗词，梳理关键情节并完成导图；活动二是借助长征路线图、影视作品、其他史料品读细节；活动三是运用名言赞美英雄。

任务二中，活动一是结合学习单比较"一面多点"和"一面一点"的写法，活动二是品读《开国大典》中点面结合的写法，活动三重在感悟这样写的好处，活动四是相关小练笔。

任务三中，活动一是开展家乡红色研学、唱红歌、诵红诗、演红剧、讲英雄故事等活动，活动二是写活动。

三个学习任务围绕主题，前后连贯，层层递进，让学生从"听、说、写"三个层面去积累与理解。同一任务中的多项学习活动相互关联，逐层深化，从阅读到表达，从梳理情节到感悟形象，再到表达运用，带领学生在学习中提升文学阅读与创意表达的能力。

> **四、活动与建议**

（一）活动设计

任务一　听一听他们的热血故事

学习情境：英雄是一个民族的精神脊梁，一个社会的价值标杆。习近平主席说："崇尚英雄才会产生英雄，争做英雄才能英雄辈出。"在那段烽火连天的岁月里，无数先烈宁死不屈、前仆后继，才换来了今天的幸福生活。让我们重温革命岁月，把历史的声音留在心里。那么，那段岁月具体指哪些时期？那些时期都有哪些可歌可泣的故事？那些故事里又有哪些顶天立地的英雄呢？

活动一：革命岁月永放光芒

1. 读一读。借助预学单，自主阅读单元课文，自学生字新词，并在课上交流、积累。再按照书写和布局要求，积累红色诗词。将自学所得填写在学习单上。再根据师生推荐等方式，在单元学习中自主开展红色书籍阅读和相关影视作品的欣赏活动，做好英雄名片。

"我喜欢的英雄"名片

英雄名字：＿＿＿＿＿＿＿＿＿＿＿＿＿＿＿＿

英雄事迹：＿＿＿＿＿＿＿＿＿＿＿＿＿＿＿＿

＿＿＿＿＿＿＿＿＿＿＿＿＿＿＿＿＿＿＿＿＿

我喜欢的原因：＿＿＿＿＿＿＿＿＿＿＿＿＿＿

＿＿＿＿＿＿＿＿＿＿＿＿＿＿＿＿＿＿＿＿＿

---

2. 想一想：这些记叙不同革命时期事件的文章，可以梳理出哪些关键情节？小组合作，完成思维导图，并试着说说这些课文的内容。

活动二：细节中见英雄本色

（一）红军不怕远征难

1. 读一读。熟读《七律·长征》，借助资料，了解长征。

2. 圈一圈。圈出表示地点的词语，借助资料了解这些地方的特点。

3. 想一想。思考：自然条件如此险恶，可是在红军眼里只是什么？抓住"腾细浪""走泥丸"来交流，理解"只等闲"。

4. 看一看。带领学生观看"巧渡金沙江""飞夺泸定桥"的视频资料，感受战士们战胜困难时的喜悦和回想九死一生情景时的惊心动魄。让学生说一说诗句的意思和表达的情感。

5. 赏一赏。结合资料，介绍《菩萨蛮·大柏地》和课文创作的时间，让学生感受《七律·长征》洋溢着的革命乐观主义精神和胜利的喜悦之情。

6. 背一背。配上音乐，背出磅礴的气势。

（二）用生命铸就的光

1. 读一读。默读第3自然段，了解故事背景和解放战争概况。结合资料，了解"豫皖苏平原""围歼战"。

2. 画一画。找到文中关于"灯光"和"火光"的句子，结合思维导图，理出课文脉络：引起回忆—回忆往事—怀念战友（倒叙）。

3. 品一品：

天安门前璀璨的灯光：

我爱到天安门广场走走，尤其是晚上。广场上千万盏灯静静地照耀着周围的宏伟建筑，令人心头光明而又温暖。

书上插图中的灯光：

书上有一幅插图，画的是一盏吊着的电灯，一个孩子正在灯下聚精会神地读书。他注视着那幅图，默默地沉思着。

他又划着一根火柴，点燃了烟，又望了一眼图画，深情地说："赶明儿胜利了，咱们也能用上电灯，让孩子们都在那样亮的灯光底下学习，该多好啊！"他把头靠在胸墙上，望着漆黑的夜空，完全陷入了对未来的憧憬里。

战场上微弱的火光：

突然，黑暗里出现一星火光，一闪，又一闪。这火光虽然微弱，对于寻找突破口的部队来说已经足够亮了,战士们靠着这微弱的火光冲进了围墙。围墙里响起了一片喊杀声。

后来才知道,在这千钧一发的时刻,是郝副营长划着了火柴,点燃了那本书,举得高高的,为后续部队照亮了前进的路。可是,火光暴露了他自己,他被敌人的机枪打中了。

议一议三个灯光的关系:天安门前璀璨的灯光是对现实生活的赞美,书上插图中的灯光代表了郝副营长对未来生活的美好向往,点燃书本发出的微弱的火光是英雄之光、胜利之光、生命之光,美好的现实就是革命先烈在战火中用生命换来的。

(三)革命利益高于一切

1. 学一学。结合以前学过的黄继光的故事或者电影《长津湖》,了解抗美援朝战争和"391 高地"。

2. 找一找。用横线画出心理描写的句子,用波浪线画出环境描写的句子。

3. 议一议。联系上下文,抓住"紧缩""不忍看""忍不住不看""刀绞一般"等词语,梳理出"我"的心理变化:担心—矛盾—痛苦。再说一说侧面描写的好处:更衬托出邱少云的英勇坚韧、不怕牺牲。

开头的环境描写则是为下文邱少云纹丝不动铺垫原因,也衬托了他磐石一般坚韧的革命意志。

活动三:英雄礼赞,榜样先行

1. 读一读。读读《语文园地》中的名言,想一想它们的意思。

2. 说一说。结合学过的课文和自己的阅读经验,想想哪些人可以用这些句子来赞美。

3. 填一填。

(1)"_____",我们每个人都应为国家富强、民族复兴尽一份力。

(2)当疫情肆虐中华大地时,许多医务工作者舍小家为大家,冒着生命危险奔赴疫区,用实际行动告诉我们什么叫"_____"。

(3)这是中国的领土,决不允许别国侵占,正如宋代抗金名臣李纲所说:"_____。"

4. 集一集。收集其他相关的名人名言。

任务二　品一品激荡人心的场面

学习情境：在那战火纷飞的年代，无数革命志士抛头颅洒热血，他们的高大形象已经深深刻入我们心底。现在，我们要走进抗日战争时期和中华人民共和国成立那一天。关注这些特殊的场景，可以帮助我们更好地理解英雄形象和场景氛围。

活动一：英勇无畏五壮士

1. 查一查。结合第 1 自然段，了解故事背景；查资料，大致了解"晋察冀根据地""游击战争"。

2. 读一读。重点聚焦第 2 自然段，用横线画出描写人物群体的句子，用波浪线画出描写每一位战士的句子，感悟"点"和"面"的含义：就像拍摄时的全景镜头和特写镜头，镜头从远到近，从全体到个人。

小组讨论：抓住关键词句思考，说说你仿佛看到了怎样的五壮士。

初识"点"和"面"

1. "面"的描写是＿＿＿＿＿＿＿＿＿＿＿＿＿＿＿＿＿＿＿＿＿＿＿＿＿＿＿＿ 2. "点"的描写主要是关于五壮士痛击敌人的场面： 　马宝玉：＿＿＿＿＿＿＿＿＿＿＿＿＿＿＿＿＿＿＿＿＿＿＿＿＿＿＿＿ 　葛振林：＿＿＿＿＿＿＿＿＿＿＿＿＿＿＿＿＿＿＿＿＿＿＿＿＿＿＿＿ 　宋学义：＿＿＿＿＿＿＿＿＿＿＿＿＿＿＿＿＿＿＿＿＿＿＿＿＿＿＿＿ 　胡德林、胡福才：＿＿＿＿＿＿＿＿＿＿＿＿＿＿＿＿＿＿＿＿＿＿＿ 3. 我发现： ◆ "点"的描写重点关注了五壮士的＿＿＿＿＿＿＿＿＿＿＿＿＿＿＿ ◆ 我想"斩钉截铁"的意思是＿＿＿＿＿，从"斩钉截铁""走！""热血沸腾"等词中可以看出＿＿＿＿＿＿＿＿＿＿＿＿＿＿。 ◆ 举一反三：其他点面结合的段落也可以用这样的方法去读懂。

3. 悟一悟。看"痛击敌人""顶峰歼敌"的相关视频，读第 6 自然段，完成下表。

比较"点"和"面"

内容	相同之处	不同之处
第2自然段		
第6自然段		

4. 演一演。分角色朗读第2—9自然段,体会"一面多点"和"一面一点"的不同用法,说说点面结合写法的好处。(预设:具有极强的层次感和画面感,既让我们感受到五壮士作为一个战斗群体的团结勇敢,又能感受到每一位战士的英勇顽强,塑造了令人印象深刻的抗日英雄个体和群体形象。两种不同类型点面结合方法的运用更丰富了画面,营造了现场感,突出了角色。)

活动二:宏大壮阔典礼中

1. 看一看。看相关视频,介绍开国大典;结合思维导图,快速重读课文,找到相对应的表示时间的词语,理清时间顺序,从而更清晰地了解大典前后的几个关键节点。

2. 寻一寻。结合思维导图,可以发现前三个场面中"点"的描写分散,阅兵式中"点"的描写很集中。聚焦第11—13自然段,找找哪些是"点",哪些是"面"。

"点"的不同写法

1. "面"的描写对象是受检阅的部队和游行群众,具体的句子有＿＿＿＿＿＿＿＿＿＿
＿＿＿＿＿＿＿＿＿＿＿＿＿＿＿＿＿＿＿＿＿＿＿。

2. 结合思维导图看出:"点"的描写对象是具体的受检阅的部队,每个方阵特点不同:

海军:服装颜色＿＿＿＿＿＿＿＿＿＿＿＿＿＿＿＿＿＿＿＿;

步兵:＿＿＿＿＿＿＿＿＿＿＿＿＿＿＿＿＿＿＿＿＿＿;

炮兵:＿＿＿＿＿＿＿＿＿＿＿＿＿＿＿＿＿＿＿＿＿＿;

战车师:＿＿＿＿＿＿＿＿＿＿＿＿＿＿＿＿＿＿＿＿;

骑兵师:＿＿＿＿＿＿＿＿＿＿＿＿＿＿＿＿＿＿＿＿;

空军:＿＿＿＿＿＿＿＿＿＿＿＿＿＿＿＿＿＿＿＿。

3. 我发现:

◆ 这是(一面一点 多点罗列),与《＿＿＿＿》第(＿＿)自然段写法类似。

◆"点"的描写中,不写军人的神态、动作等细节,而从多角度关注特点,让我感受到＿＿＿
＿＿＿＿＿＿＿＿＿＿＿＿＿＿＿＿＿＿＿＿＿＿＿＿。

3. 品一品。找出文中几处环境描写的句子,读一读,抓住关键词展开讨论,尝试作批注,体会会场热烈的气氛。关注"只听见……只听见""不断地……不断地"等运用反复手法的句子,感受群众喜悦、激动的心情,以及对人民军队的无比信赖、无比热爱,从起初的肃静中也能体会人民群众对升旗仪式的尊重。有能力的同学可以寻找生活中的题材,尝试用反复的手法写一写某个场面的特点。

◆ 起初是全场肃静,只听见炮声和乐曲声,只听见国旗和其他许多旗帜飘拂的声音。

◆ 两个半钟头的检阅,广场上不断地欢呼,不断地鼓掌,一个高潮接着一个高潮。群众差不多把嗓子都喊哑了,把手掌都拍麻了,还觉得不能够表达自己心里的欢喜和激动。

活动三:点面结合好处多

1. 读一读。分工朗读,说说这样写的好处。(预设:既写出了进场时庄严隆重的氛围,又表现了各个方阵的气势,展现了整个阅兵式的气势恢宏。这样既有整体感受,又能突出特点。)

2. 比一比。默读第5—10自然段,联系上一课中出现的两种点面结合的写法,再和阅兵式部分比较,说说两部分写法有什么不同。

体会:点面结合中,不仅"点"的选择要有代表性,点面组合的方式也可以富有变化,可以一点一面,也可以多点罗列。

"点""面"的不同组合

1. 比较课文第5—10自然段和第11—13自然段的场面描写:

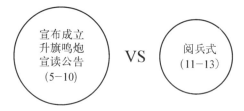

2. 我发现:
◆ 前三个场面是(一面一点 多点罗列),和《   》第(   )自然段类似。
◆ 点面组合有变化,不仅符合大典盛况,更带给读者新鲜感。

活动四：牛刀小试话场面

1. 仿一仿。选择一个场景，用点面结合的方法来写一写：

(1) 如果你是一名记者，你最想把镜头对准开国大典上的哪个场面？

(2) 选取前几节课看过的"飞夺泸定桥""巧渡金沙江"等场面，试着运用点面结合的方法写一写。

(3) 从第8、第9两课中选取关键情节进行场面描写。

2. 评一评。从点面形式、结合情况和场景效果三个方面，拟定评价表。

场面描写评价表

点面形式	结合情况	场景效果
一面一点：☆☆☆☆☆	使用次数：☆☆☆☆☆	人物细节：☆☆☆☆☆
多点罗列：☆☆☆☆☆	整体场景：☆☆☆☆☆	环境氛围：☆☆☆☆☆
两种结合：☆☆☆☆☆	个体特点：☆☆☆☆☆	主题鲜明：☆☆☆☆☆

任务三　写一写我们的红色活动

学习情境：重温革命岁月，我们感慨万千。我们要发扬这光荣的革命传统，汲取强大的精神力量，传承红色基因。让我们继续追寻，沿着家乡的"红色之旅"线路，去参观，去聆听，看看过去和现在，有那么多可爱的人，为了大多数人的幸福生活，默默奉献，默默坚持。

活动一：他们是最可爱的人

1. 游一游。寻找并规划家乡的"红色之旅"线路，小组合作讨论，开启研学之旅。

在一次次研学中，及时做好记录，积累个性化的感受，增加红色知识的储备，经历直观形象的革命历史教育。

"找寻英雄"红色研学记录卡

基地名称：＿＿＿＿＿＿＿＿＿＿＿＿＿＿＿＿＿＿

基地故事：＿＿＿＿＿＿＿＿＿＿＿＿＿＿＿＿＿＿
＿＿＿＿＿＿＿＿＿＿＿＿＿＿＿＿＿＿＿＿＿＿＿＿

研学心得：＿＿＿＿＿＿＿＿＿＿＿＿＿＿＿＿＿＿
＿＿＿＿＿＿＿＿＿＿＿＿＿＿＿＿＿＿＿＿＿＿＿＿

2. 玩一玩。开展一次校内综合性实践课，邀请兄弟班级共同参加"重温革命岁月"活动。

（1）唱一唱。读读《我的中国心》的歌词，说说自己的感受，然后观看张明敏的表演，聊一聊这首歌的创作背景，再和同学一起唱一唱。

（2）诵一诵。根据任务一及平时的积累，诵读红色诗词，尤其是毛主席的诗词作品。重点诵读《忆秦娥·娄山关》《七律·长征》《菩萨蛮·大柏地》，读出壮烈豪迈、气贯长虹的气势。

（3）演一演。扩大红色主题的范畴，围绕党史、改革开放史、城市发展史等，先开展为期一周左右的红色经典阅读和红色影视剧观看活动，再以小组为单位，将近阶段阅读中印象深刻的先锋人物、典型事件等进行梳理，选取自己最感兴趣的故事，和小伙伴合作表演课本剧、情景剧等。

3. 讲一讲。选好英雄，用演讲的方式向他致敬。

（1）准备演讲稿，注意：

观点要鲜明；

选择合适的材料说明观点，如列举有代表性的事例，引用名言警句；

要有感染力，可以引用生动的故事。

说英雄

1. 我最喜欢的英雄是＿＿＿＿＿＿，我想用几个关键词来赞美他＿＿＿＿＿＿＿＿＿＿。
2. 有关这位英雄的代表性事例：＿＿＿＿＿＿＿＿＿＿＿＿＿＿＿＿＿
＿＿＿＿＿＿＿＿＿＿＿＿＿＿＿＿＿＿＿＿＿＿＿＿＿＿＿＿＿＿＿＿＿
＿＿＿＿＿＿＿＿＿＿＿＿＿＿＿＿＿＿＿＿＿＿＿＿＿＿＿＿＿＿＿。
3. 我想引用的名言警句：＿＿＿＿＿＿＿＿＿＿＿＿＿＿＿＿＿＿＿。
4. 读到故事，我最深的感受是＿＿＿＿＿＿＿＿＿＿＿＿＿＿＿＿＿。
5. 联系范文，用正确的格式写好演讲稿。

（2）展示讲演，注意：

语气、语调适当，姿态大方；

利用停顿、重复或者辅以动作来强调要点，增强表现力。

活动二：难忘那次红色研学

1. 记一记。看"交流平台"和相关学习单，复习点面结合的两种形式和对"点"的不同表现方法，深入感受整体和细节相辅相成所表现出来的场景氛围和人物风采。

2. 说一说。选择几次红色研学（也可以是综合实践活动）中自己最感兴趣的一个，和小组成员交流。再和作出相同选择的同学组成小组，围绕活动过程相互补充，唤起回忆。

1. 红色之旅中，我印象最深刻的是＿＿＿＿＿＿＿＿＿＿＿＿＿＿＿＿。
2. 活动的过程大致可以分为这样几步：（可以画思维导图）
＿＿＿＿＿＿＿＿＿＿＿＿＿＿＿＿＿＿＿＿＿＿＿＿＿＿＿＿＿＿＿＿＿
3. 重点场面，我想用点面结合的方法，我的设想是：
＿＿＿＿＿＿＿＿＿＿＿＿＿＿＿＿＿＿＿＿＿＿＿＿＿＿＿＿＿＿＿＿＿
＿＿＿＿＿＿＿＿＿＿＿＿＿＿＿＿＿＿＿＿＿＿＿＿＿＿＿＿＿＿＿＿＿

3. 评一评。读相关范文，说说写作时应该注意什么。

4. 议一议。根据评价标准，说说哪些地方写得好，哪里需要修改。

要求	自己评	同学评	老师评
1. 写清楚了活动过程。			
2. 印象深刻的部分重点写。			
3. 运用了点面结合。			
4. 多法并用，"点"的描写很生动。			
5. 写出了活动体会。			

5. 改一改。参考老师和同学的建议，用修改符号修改自己的习作。

（二）教学建议

1. 将革命传统教育与语言实践过程相融合。本学习单元中,五篇课文是引子,是触摸英雄、初识英雄气概的样本,旨在通过它们与红色阅读、红色生活实践相连接,再去延伸拓展,拒绝简单的灌输和说教,重视在文学阅读与创意表达中让学生自然而然地受到启迪和感染。利用资料进行情景还原,利用单元整体架构开展综合实践,利用语用品析实施梯度训练,从而让学生更好地把握作品内容,感受人物形象,受到情感的熏陶。

2. 单元课时整体安排建议。任务一5课时,任务二4课时,任务三5课时。

3. 关于"点面结合"和写作。前者是后者的基础,二者体现了梯度性。即便是"点面结合"的教学过程,也是遵循由易到难的原则:先感悟什么是"点"和"面",再发现不同的"点"和"面",然后找出不同的"点",最后感悟一篇文章中不同的点面组合,从而深入浅出又全面地了解运用点面结合进行场面描写的好处。习作中,借助评价单进行导航,既运用了技法,也为红色之旅画上了句号。

第十二讲　走进小说林

——统编教材六年级上册第四单元"文学阅读与创意表达"学习任务群设计

→ 一、主题与内容

（一）主题的确立

小说是文学体裁的一种。本单元课文围绕"小说大多是虚构的，却又有生活的影子"进行编排，由《桥》《穷人》两篇精读课文和《金色的鱼钩》一篇略读课文组成。习作"笔尖流出的故事"以本单元的三篇课文为例，要求学生展开丰富的想象创编故事。《语文园地》中引导学生学习运用语言、动作、心理活动、环境描写等刻画人物，凸显人物形象，并了解情节描写的作用，尝试写出人物忐忑不安或犹豫不决时的心理活动。

课文选取了中外作家各具特色的三篇小说，这些小说都以现实生活为题材，刻画普通人在身处困境时身上闪现的人性光辉，内容生动感人。根据小说的文体特点，设计了"走进小说林"这一学习主题，要求学生通过阅读大量的小说，了解小说的特点，并尝试创作小说。

（二）内容的归属

《义务教育语文课程标准（2022 年版）》在"文学阅读与创意表达"第三学段的学习内容中指出："阅读反映少年成长的故事、小说、传记等，交流自己获得的启示；学习运用细节描写等文学表现手法，描述自己成长中的故事。"这个学习内容旨在引导学生通过阅读活动，感受小说的独特魅力，开阔文学视野，增长见识。总体要求是"在语文实践活动中，通过整体感知、联想想象，感受文学语言和形象的独特魅力"；其次是梳理教材里与"感受人物形象"相关的语文要素，找出它们之间知识和技能发展的进阶线索。

六年级上册第四单元为建构"文学阅读与创意表达"学习任务群提供了丰富的学习资源。因此,本单元以"文学阅读与创意表达"学习任务群组织教学活动。

(三) 内容的组织

本单元旨在引导学生感受情节推进和环境描写对塑造人物形象的作用。基于学生对小说的阅读和理解,让学生经历由阅读到表达的过程,引导学生梳理故事情节,理解内容,接受阅读方法和写作方法的训练,揣摩小说表达,体会人物形象。从教材导语页中可以知晓,这个单元是以小说为题材,以文学阅读为主题展开的,重点探究运用什么策略和方法能更好地理解小说。

➡ 二、目标与评价

序号	单元学习目标	单元学习评价
1	会写22个字,会写29个词语。有感情地朗读课文。整体把握小说的主要情节。	★ 创设词汇情境,考查学生字词掌握情况;根据故事情节完成思维导图,并能根据思维导图说故事的主要内容。
2	通过人物的语言、动作、心理活动以及小说生动的故事情节和典型的环境描写等感受人物形象。	★ 梳理表现人物形象的方法,多层面评议人物。
3	感悟表现小说人物形象的方法,展开想象,根据提供的环境和人物创编生活故事。把故事情节写完整,通过环境或心理描写表现人物形象。	★ 绘制小说框架结构图,创编生活小说,进行星级互评。独立完成小说后,组织"班级小说大赛"评比活动。
4	能产生阅读《童年》《小英雄雨来》《爱的教育》的兴趣,自主规划并阅读三本小说,了解小说内容,与同学交流阅读心得,体会成长的快乐。	★ 阅读打卡活动后,召开班级小说交流会,畅谈体会。

"走进小说林"学习主题的关键词是"走进"。"走进"就要先了解什么是小说,小说有什么特点。可以从不同角度设计不同的学习活动,建构学习主题统领下的任务单元:

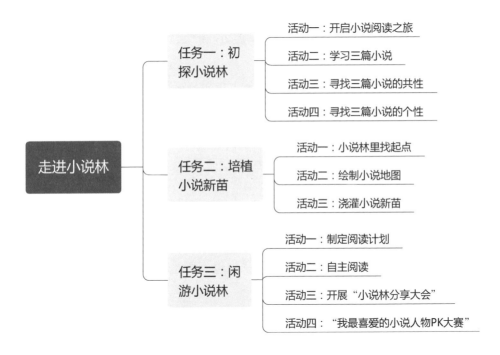

一是"初探小说林"。回忆读过的小说,开启小说阅读之旅。学习《桥》《穷人》《金色的鱼钩》,会写 22 个字,会写 29 个词语。有感情地朗读课文。整体把握小说的主要情节,感受角色的魅力,寻找三篇小说的共性与个性。

二是"培植小说新苗"。感悟了他人的小说之后,根据习作要求,寻找自己想写的小说的类型,不断地扩大思考点,绘制小说地图。完成构思之后,独立完成小说的创作,组内交流,根据习作要求进行评价,修改之后召开班级小说交流会。

三是"闲游小说林"。小说林里满是经典的小说,制订阅读计划,开展自主阅读。阶段性解读之后,召开"小说林分享大会",进行"我最喜爱的小说人物 PK 大赛"。

➡ 四、活动与建议

(一) 活动设计

任务一 初探小说林

学习情境:同学们,这一单元,我们要走进小说的世界。大家对小说并不陌生,有的读过沈石溪的动物小说,有的读过《红楼梦》《西游记》《水浒传》《三国演义》等古代长篇小说。今天,我们来学习微型小说,了解到底什么是小说,小说有哪些特点。我们也来试着创编小说,分享我们的故事,并且尝试寻找你最喜欢的小说人物。

活动一:开启小说阅读之旅

1. 思考:什么是小说?

引导学生读一读本单元的单元导语"小说大多是虚构的,却又有生活的影子",说说自己读过哪些小说。

2. 讨论:阅读小说,带给你怎样的体会?

活动二:学习三篇小说

1. 聚焦小说要素,把握小说结构——学习《桥》。

(1) 利用情节图,厘清人物关系及文本特点。

在解决生字新词等教学内容之后,理解人物形象成了小说教学的重要内容。但理解小说中的人物性格或形象,要在分析人物之间的关系中进行。情节作为小说三要素之一,能表现主题、揭示人物性格、突出人物特点。教师在学生浏览全文的基础上,让学生围绕小说主旨,利用自主学习单、情节图等工具梳理人物关系,概括故事情节。教师结合课后习题"小说最后才点明老支书和小伙子的关系，和同学讨论这样写有什么好处"，让学生探究讨论，感受小说结局的转折、变化、扣人心弦。

（2）细读环境描写，了解故事背景。

细读小说中的环境描写是阅读小说的关键一环。环境描写交代故事背景，不仅可以给人身临其境的感觉，渲染氛围，也可以推动情节的发展，还能帮助我们更好地感受人物心情，探究人物形象。《桥》这一课，课后第三题"画出描写雨、洪水和桥的句子读一读。再联系老支书在洪水中的表现，说说这些描写对表现人物的作用"指向性很明确，就是要求学生探究环境描写的作用。教师在教学时要以此为目标，如在交流描写洪水的语句时，学生通过品读"黎明的时候，雨突然大了。像泼。像倒""死亡在洪水的狞笑声中逼近"，感受洪水的来势凶猛，感受老支书无私无畏的伟大形象。

（3）品读刻画手法，感受人物形象。

小说以塑造人物为核心内容，人物分析是小说教学的重中之重。在《桥》一课中，与学生一起探讨：你认识到了一个怎样的老支书？小说又从哪些方面刻画了老支书这一人物形象？学生抓住老支书的语言"你还算是个党员吗？排到后面去"，感受老支书的大公无私；抓住"推"这个动词，感受老支书的爱子之情；抓住老支书的动作、神态"盯着""沙哑地喊话"，感受老支书的镇定自若、为民着想。小说中的语言是人物内心的展现，动作表现人物个性化的性格，神态能够反映人物当下的情绪，通过教学，学生了解到刻画人物形象，要从人物的语言、动作、神态入手。

2. 聚焦人物心理，把握表达方法——学习《穷人》。

《穷人》是俄国著名作家列夫·托尔斯泰的短篇小说。小说用质朴的语言向我们展示了当时沙皇统治下的俄国社会最底层人民的穷苦生活。桑娜和渔夫不顾自身的贫穷，依然选择收养邻居家的三个孩子，歌颂了桑娜和渔夫纯洁、美好、善良的心灵。这一课最突出的就是关于人物对话和心理活动的描写。这是学生理解课文的核心和重点。

（1）关注心理描写。

教师在教学时，在理清故事情节、了解故事环境的前提下，要将人物解读的重点放在心理描写上，让学生圈画出表现桑娜忐忑不安心理的句子，重点聚焦课文第9自然段，思考桑娜此时的心情变化。同时关注这一段的细节,思考其中 5 个省略号、4 个问号、3 个感叹号的作用。学生发现原来用了这些标点符号,可以将人物复杂的心理表现得淋漓尽致,也让我们感受到桑娜高尚的品质。

（2）练习心理描写。

关联课后小练笔及《语文园地》,写一写人物的心理活动,通过写一写、练一练的方式,进一步加深学生对心理描写的认知,锻炼学生语言文字的运用能力,为后面的习作打下基础。

3. 聚焦小说主题,把握人文精神——学习《金色的鱼钩》。

在精读《桥》《穷人》后,学生对小说的人物、情节、环境有了初步的把握,教师在教学略读课文《金色的鱼钩》时,就可以大胆放手让学生自学,可以通过表格的形式来进行引导。学生在自读自悟中认识到了老红军可贵的革命精神。因此,读小说时可抓住三要素,在情节中品析人物形象。

活动三：寻找三篇小说的共性

《桥》《穷人》《金色的鱼钩》三篇小说,很典型地体现了小说情节的特点:一波三折,结尾出人意料却又在情理之中。在学习课文时,教师紧紧抓住小说情节的独特之处带领学生阅读。

《桥》这篇小说有很多针对"面"的描写,"点"的描写涉及三个人:老支书、小伙子、老太太。老支书揪出队伍中排在前面的小伙子,到后来和小伙子互相推让着上桥,再到最后老太太祭奠丈夫和儿子,读到结尾处,学生恍然大悟。教师让学生讨论这样的情节是否唐突。学生重读课文,发现每个情节之间是有关联的,是一个环环相扣的整体,这样的情节安排合情合理。

《穷人》的情节设置也充满了悬念。当桑娜把孩子抱回家后,她的内心忐忑不安,自己如此贫穷不堪还要收养别人的孩子,丈夫会答应吗？小说的结尾,丈夫同意妻子收养孩子,当桑娜拉开帐子时,两个孩子正在床上酣睡,小说定格在这一幅温馨的画面里。文章虽然戛然而止,但是却掀起了学生内心的波澜,主人公人性的善良凸显了出来。

《金色的鱼钩》篇幅略长,可以让学生把老班长为了把三个小战士带出草地所做的事情找出来,说说哪些情节是让人深受感动的,思考故事最后能不能改为老班长和三个小战士一起走出了草地。

读完三篇小说后,学生深受启发,深深感受到了小说情节构思的重要性。特别是结尾处,如何能利落地结束并引人遐想,如何能让读者看完后有醍醐灌顶的醒悟,学生都能从三篇精彩的小说中找到答案,这也为学生自己创作小说提供了范例。

活动四：寻找三篇小说的个性

1. 从描写人物的不同方法中体会三篇小说的不同之处。

《桥》这篇小说的主人公是老支书,教学重点就是让学生体会老支书这个人物形象,以及了解作者是怎样塑造老支书的形象的。学生很快就能找到,作者通过老支书的神态、语言、动作刻画了一位忠于职守、舍生忘死又关爱自己孩子的村支书形象。在学《穷人》这篇课文的时候,教师让学生对比思考：列夫·托尔斯泰也是通过神态、语言、动作来刻画渔夫和桑娜的形象的吗？学生阅读后发现,《穷人》这篇小说最有特色的是人物的心理描写,作者用大量笔墨来写桑娜的心理冲突,细致入微地刻画了桑娜收养邻居孩子前后的内心世界,让读者看到了一个真实、善良、形象丰满的家庭妇女形象。教学时,教师让学生绘制桑娜的心理轨迹图,朗读描写心理活动的文字,掌握心理描写的方法,体会主人公内心的变化。《金色的鱼钩》这篇小说则通过人物对话和心理活动逐步展现了老班长的光辉形象。

2. 从环境描写的不同作用中体会三篇小说的不同之处。

《桥》一文多处写到"雨""山洪""桥",这与人物形象有关系吗？这是学习这篇课文的难点所在。学生通过朗读和感悟能体会到,这些环境描写能使读者非常真切地感受到洪水的汹涌,衬托出老汉的沉着冷静和先人后己的高贵品格。那么《穷人》中的环境描写也是起这样的作用吗？学生通过阅读后发现,海上"寒风呼啸",渔家小屋却"温暖而舒适",这样的环境描写本身就存在着对比性。桑娜一家确实很穷,丈夫在这样恶劣的天气里还在外面打鱼,但是虽然家里贫穷,妻子却能把家里收拾得井井有条,通过对比刻画出了桑娜的勤劳贤惠。小说还把桑娜一家所处的自然环境和他们的内心世界进行了对比。虽然他们一家生活条件艰苦,但是他们的内心却是丰盈、善良、美好的。单元教学完成后,关于环境描写,教师给学生进行了归纳总结：环境描写一般有自然环境描写和社会环境描写两种,《桥》中的属于自然环境描写,《穷人》中既有自然环境又有社会环境的描写,但是不管哪种环境描写,对渲染气氛、表达人物心情都具有重要的作用。

任务二　培植小说新苗

学习情境:"小说大多是虚构的,却又有生活的影子。"小说源于生活,反映生活。我们可以把生活中看到的、听到的、想到的,或者说生活中不敢去想、不敢去做、没法去做的,通过创作小说表现出来。咱们一起在小说林里栽下一棵小说新苗,一起来写小说吧。

活动一:小说林里找起点

出示小说林地图,把小说林按照表现的内容分为神话小说区域、仙侠小说区域、武侠小说区域、科幻小说区域、悬疑小说区域、古代小说区域、当代小说区域等。请学生思考想在哪个区域栽种自己的小说新苗。出示本单元的习作要求,请学生阅读三组环境和人物,从中选择一组,也可以自己创作。

活动二:绘制小说地图

要让小说有曲折的情节、个性鲜明的人物,需要教师提供写作支架。

1. 学习习作方法一:制造矛盾冲突。

出示课文《桥》第9—16自然段、《穷人》第9自然段对桑娜的心理描写、《金色的鱼钩》第21—22自然段,引导学生发现矛盾冲突,体会从人与人、人与内心、人与环境这些角度给故事制造矛盾冲突。如果还能创设一些不合常理的情节,就能使故事引起读者极大的兴趣。

2. 学习习作方法二:增加角色。

增加一个角色,留给我们更多想象的空间,故事情节更吸引人。

3. 学习习作方法三:设置重重困难。

设置困难,除了使故事情节更加吸引人之外,还可以让故事中的主人公形象渐渐丰满起来。

在此基础上,请学生绘制小说地图,将写作的提纲清晰化。

活动三:浇灌小说新苗

学生独立完成小说的创作后,进入修改、提升阶段。引导学生组内交流,根据习作要求进行生生、师生之间的评价,修改之后召开班级小说交流会,汇编班级《小说集萃》。

任务三 闲游小说林

学习情境:我们从出生起,就踏上了成长之旅。很多作家的作品讲述了成长的故事,这些故事的主人公有的是和我们同龄的孩子。他们的生活,有欢笑和喜悦,也有磨难和痛苦。这些或甜或苦的经历,教他们一步步向前,勇敢地面对未来。在人类文学创作的历史中,涌现了很多这样优秀的小说作品,我们要走进更为广阔的小说天地,去领略人类智慧的结晶。

活动一:制订阅读计划

《童年》是苏联作家高尔基的小说。故事的主人公阿廖沙在父亲病逝后,随母亲投奔外祖父。外祖父粗野自私,经常毒打孩子们,曾把阿廖沙打得失去知觉。除了脾气暴躁的外祖父,这个家庭里还有两个为争夺财产整日争吵、打架的舅舅。阿廖沙经常惊惧不安,还好有慈祥善良的外祖母安慰他、保护他。

高尔基正是在同无尽的苦难及黑暗势力的顽强斗争中成长起来的,很多人给了他正面的影响和力量。那怎样才能使自己的阅读事半功倍,尽快地了解书中的内容呢? 制订阅读计划是一个好方法。引导学生按下面的形式,制订一个阅读《童年》的计划。

日 期	阅读内容	阅读时间	阅读目标	当日阅读情况自评

活动二:自主阅读

按照制订的阅读计划开始自主阅读。如果能很好地按阅读计划完成阅读内容,就给自己奖励三颗星,打在"当日阅读情况自评"一栏中;如果没有完成,就要找一找原因,并尽可能地去完成。

活动三:开展"小说林分享大会"

在阅读中,制作阅读交流卡,根据交流卡的内容开展"小说林分享大会",分享小说的精彩内容。

"小说林分享大会"阅读交流卡		
书名:	完成时间:	作者:
我的积累:		
我的疑问:		
我查到的相关资料:		
自我评价:☆☆☆☆☆		同伴评价:☆☆☆☆☆

活动四:"我最喜爱的小说人物 PK 大赛"

为喜爱的小说人物制作人物名片,并述说喜爱的原因。全班投票,评选出最受欢迎的小说人物。

(二)教学建议

1. 本单元的内容编排读写结合,写作训练目标与阅读训练目标之间有清晰的联系。文本也不是孤立的,与其他文本存在着内在关联,具有很强的整体性。因此,不能单纯地就一节课论一节课,而应该立足文学阅读与创意表达的整体要求,读小说,写小说,从精读课文、略读课文中感受小说故事的一波三折,感受人物形象的丰满,围绕主题任务,从解读他人的小说,到创作自己的小说。

2. 赏析、品鉴人物形象时,要珍视学生的多元感受。联系阅读和生活经验,从理解内容、揣摩表达，再到体会人物形象，循序渐进，适时点拨，不断丰富学生的阅读感受。不要孤立、机械地分析小说的语言形式，也不要用"贴标签"的方式解读人物形象，要呵护并激发学生阅读小说的兴趣，使其在阅读中不断有新的发现，为学生阅读整本小说打下基础。

3. 不拔高创编故事的要求。结合习作要求，让学生在学习精读课文后模仿创作，围绕创设的人物形象开展循环故事创编活动，既增进学生对小说特点的了解，又激发学生想象与表达的兴趣。以生活故事为主，及时给予学生支架帮助。

第十三讲　中华风俗游园会

——统编教材六年级下册第一单元"文学阅读与创意
表达"学习任务群设计

一、主题与内容

（一）主题的确立

百里不同风，千里不同俗。中华文化源远流长，博大精深，而民风民俗就是其中一个绚烂的篇章。六年级下册第一单元以"民风民俗"为主题，根据教材的特点、语文核心素养的培养目标以及学生的学情，创设了一个富有趣味的单元学习情境——中华风俗游园会。

从教材本身看，本单元紧扣"民风民俗"主题，编排了《北京的春节》《腊八粥》《古诗三首》《藏戏》四篇课文，向我们展现了不同地区、不同民族独具特色、璀璨多姿的民俗风情画。此外，本单元还编排了口语交际"即兴发言"、习作"家乡的风俗"以及《语文园地》。

从语文课程目标看，"新课标"明确指出："义务教育语文课程培养的核心素养，是学生在积极的语文实践活动中积累、建构并在真实的语言应用情境中表现出来的，是文化自信和语言运用、思维能力、审美创造的综合体现。"因此在确立主题时，更应充分考虑核心素养四方面的整体性，朝着增强文化自信、提高语言运用能力、培育发散思维的目标前行。

从实际学情看，适逢新学期伊始，春节刚过，在学习的时间上占到了"天时"。学生对这个春节正怀抱着强烈的不舍，单元学习过程与学生生活实际联系紧密，有生活氛围，有学习欲望，便于更好地开展教学。

希望学生能在"游园会"中学习、思考、创造。

（二）内容的归属

本单元编排了一系列展示浓郁民风民俗的课文,介绍了悬灯结彩的老北京春节,甜腻浓稠、馋动人心的腊八粥,天地为幕、恣意潇洒的藏戏以及意蕴深刻的三首古诗,借此充分展示了中华民族的民俗文化。根据单元语文要素的要求,首先是能分清内容的主次,体会作者是如何详写主要部分的;其次是习作时注意抓住重点,写出特点。本单元旨在带领学生领略中华大地上的多彩民俗,从自己亲身体验的传统习俗中发现民俗的魅力,激发学生对民俗文化的热爱,肩负起守护、传承乃至创新的使命和责任。通过品读名家大师的作品,感受文学语言和文学形象的独特魅力,提高审美能力,学会灵活迁移运用,能通过习作表达自己独特的体验与思考。这是非常典型的阅读与写作相结合的单元,因此本单元以"文学阅读与创意表达"学习任务群组织教学活动。

（三）内容的组织

本单元的学习以统编教材六年级下册第一单元的文本为主要内容,根据设定的具体情境,分派学习任务及学习活动,开展语文实践活动。在组织学习内容的顺序上会对教材篇目进行适当的调整,以期达到更合适更高效的学习效果。

二、目标与评价

序号	单元学习目标	单元学习评价
1	会写"醋、饺"等37个字,会写"热情、风筝"等38个词语。	★ 在创设的情境中掌握本单元的生字词,用听写、选词填空等方式来考查学生掌握、理解、应用的情况。
2	有感情地朗读课文,背诵《寒食》《迢迢牵牛星》《十五夜望月》三首古诗。	★ 能流利地朗读课文,发挥想象,用恰当的语调语速来诵读,表达诗人或是文中主人公的情感。感受《古诗三首》的意境,采取背诵、默写的方式进行考查和评价。

序号	单元学习目标	单元学习评价
3	能分清课文内容的主次,了解课文的详略安排及其表达效果,体会详写主要内容的好处。	★ 能理清文章的写作顺序,找出课文中详写和略写的部分。 ★ 明确详略得当的好处:能突出老北京最具特色的民俗文化,凸显八儿的迫不及待,强调藏戏的三大特点。
4	体会课文不同的语言风格,感受丰富的民俗文化。	★ 学会用不同的词语表达同一个意思,并积累几组类似的词语。 ★ 完成小练笔,仿照《腊八粥》第1自然段写一种喜爱的食物。 ★ 了解不同地区的不同民俗,能分享民俗背后的寓意。
5	能结合实际介绍家乡的某种风俗或写自己参加一次风俗活动的经历,完成习作"家乡的风俗"。	★ 能够进行精彩的即兴发言,评选出"最佳发言人"。 ★ 习作中应运用课文中的所学所悟,有详有略,抓住重点,写出特点。

▶ 三、情境与任务

　　围绕"民风民俗"的单元主题,拉开民风民俗舞台的学习序幕。依托丰富有趣的教材内容,结合学生的生活体验,创设一个兼具知识性和趣味性的大情境——"中华风俗游园会"。抓住春节的余味,带领学生沉浸式体验祖国纵横上下五千年、跨越大江南北的民俗风情,品尝寓意美好、饱含生活智慧的民俗美食。由远及近,立足实际,以个性化的美食记录视频、风俗宣传册、手工艺作品等形式呈现家乡风俗,为推广家乡的风俗文化贡献自己的力量,肩负起对传统文化守护、传承乃至创新的使命和责任。

　　以"中华风俗游园会"这个情境为核心,主要设计了四个学习任务、九个学习活动,形成了学生学习活动开展的基本任务框架,具体如下:

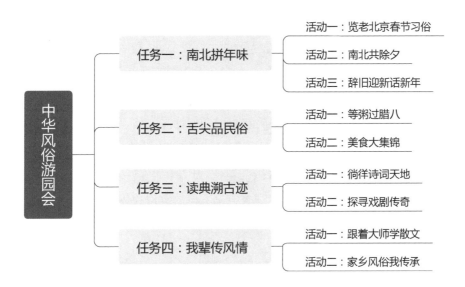

为了更好地完成本单元学习任务群的学习，根据本单元各篇课文内容和知识点之间的联系，将情境任务又细化出了具体的语文实践活动，使单元学习更完整有效。

任务一：南北拼年味。学习《北京的春节》，了解老北京丰富多彩的民俗活动，品味老舍独特的"京味儿"语言，结合《语文园地》学习语言表达的丰富性。通过与"阅读链接"的对比，关注各地年俗的独特性，理解南北方的"同年不同味儿"。引导学生立足即将告别的春节，从自己的亲身体验入手，进入口语交际"即兴发言"的学习，指导学生在发言时做到紧扣话题、条理清晰、措辞合理、自信大方。

任务二：舌尖品民俗。从《舌尖上的中国》的视频切入，学习《腊八粥》，品味沈从文先生细腻的描写，感受腊八粥的美味，了解湘西民俗，照样子写写自己喜欢的食物。回顾身边的特色传统美食，亲手体验制作，用视频的形式记录下来，讲好背后的故事，传达美好的祝福。最后收罗各地传统美食，绘制小名片，弘扬舌尖上的民风民俗。

任务三：读典溯古迹。学习课文《古诗三首》，深入了解传统佳节。重温牛郎织女的传说，借助意境感叹古人想象的天马行空和极致浪漫。结合《语文园地》的"书写提示"，用行楷来书写这三首古诗，提升古诗的美感。再学学古人行个飞花令，积累并推广更多有关传统节日和习俗的诗词。

利用藏戏表演视频，激发学生对藏戏的兴趣，从而进入课文的学习，了解开山鼻祖唐东杰布的传奇故事,明确藏戏的三大特点。由藏戏联想到家乡的越剧,组织一场包含介绍、推荐、试演三个环节的小剧场活动,宣传越剧。

任务四:我辈传风情。这是本单元学习任务群的重点和核心。引导学生读熟读懂本单元的课文,了解散文的基本特点,归纳《北京的春节》《腊八粥》《藏戏》语言及写法上的特色。引导学生自主讨论总结,博采众长,积累散文知识。趁热打铁学习习作,学以致用完成"家乡的风俗"主题习作,集合成册,校内共享,让民俗在笔尖流传。活动的最后,以班级为单位,开设一个家乡民俗展览馆,将所有学习活动的成果一一呈现,带给参观人员全方位的沉浸式体验,做称职的家乡风俗传承人。

四个任务围绕着"中华风俗游园会"的主题,环环相扣,相辅相成,从学到做,从阅读体验到实践汇报,引领着学生不断进步,在学习中逐步提升文学阅读与创意表达的能力。

为此,在具体开展语文实践活动的过程中,对教材内容的编排顺序作出了一些调整和重组,以确保活动之间的自然连接,达到更理想的学习效果。

统编教材六年级下册第一单元教学内容重组表

学习任务	主要教学活动	单元教学内容安排
南北拼年味	览老北京春节习俗 南北共除夕 辞旧迎新话新年	★《北京的春节》 ★《语文园地》"词句段运用"中的学习用不同的词语表达同一个意思,体会语言的丰富性 ★口语交际"即兴发言"
舌尖品民俗	等粥过腊八 美食大集锦	★《腊八粥》 ★《语文园地》"词句段运用"中的了解不同习俗的寓意
读典溯古迹	徜徉诗词天地 探寻戏剧传奇	★《古诗三首》 ★《语文园地》"书写提示" ★《藏戏》
我辈传风情	跟着大师学散文 家乡风俗我传承	★《语文园地》"交流平台" ★习作"家乡的风俗"

(一) 活动设计

任务一　南北拼年味

学习情境：穿新衣,放鞭炮,收红包,家乡过年不亦乐乎。探亲出游,天南海北,年味也在别处蔓延。红红火火的大年就这样在元宵节后渐渐远去。新学期伊始,抓住春节的尾巴,我们围坐言欢,共议新年,畅游老北京的胡同,倾听闽南悠扬的乡剧,你一言,我一语,留下最美好的春节回忆。

活动一：览老北京春节习俗

1. 学习课文《北京的春节》,掌握生字词,了解课文是按时间顺序来写的,重点关注腊八、腊月二十三、除夕、正月初一、正月十五这几日的活动场面,把握详略安排及其效果,学习作者抓住有特色的民俗活动进行细致描写的方法。

2. 走近作家,了解老舍朴素自然的语言风格,品味"京味儿"语言,感受老北京春节的民风民俗。结合《语文园地》中的"词句段运用"体会语言表达的丰富性,学习用不同的词语表达同一个意思：

有名的老铺都要挂出几百盏灯来：有的一律是玻璃的,有的清一色是牛角的,有的都是纱灯。

活动二：南北共除夕

1. 学习"阅读链接"中斯好笔下《除夕》的片段,了解闽南地区的春节习俗,对比赏析不同地域民俗的独特性和差异性,体会"百里不同风,千里不同俗"的深刻意蕴。

2. 引导学生收集其他各地区过年的趣味风俗,绘制"南北年俗图鉴"。

活动三：辞旧迎新话新年

1. 借着开学之际,回顾过春节的经历,请学生自由交流,分享自己的新年活动。

2. 指导学生学习口语交际"即兴发言",引导学生明确即兴发言的要点：首先要提前打腹稿,想清楚先说什么,后说什么,重点说什么;其次是注意说话的场合和对象。

3. 围绕"我的春节"这个大主题,设定一些即兴发言的场景,请每位同学抽签选取一个,稍作准备后上台发言。全班参与评价打分,选出"最佳发言人"。

即兴发言的场景：

（1）参加元宵灯会时,遇到电视台采访,记者让你说说过元宵的感受。

（2）在班级春节联欢会上,作为节目主持人的你需要讲一段开场白。

（3）成功当选"寒假假日之星"后,老师请你上台分享春节中最具亮点的一件事。

（4）作为小区广播站的志愿小主播,你需要向大家介绍一下"除夕"这个特别的日子。

（5）正值新春之际,班主任老师请你作为学生代表,为结对的班级录制一段新春祝福语。

......

"即兴发言"评价表

评价标准	自评	互评	师评
仪态大方	☆☆☆	☆☆☆	☆☆☆
语句通顺	☆☆☆	☆☆☆	☆☆☆
条理清楚	☆☆☆	☆☆☆	☆☆☆
主题明确	☆☆☆	☆☆☆	☆☆☆
引人入胜	☆☆☆	☆☆☆	☆☆☆

任务二 舌尖品民俗

学习情境：俗话说"民以食为天",传统美食在民俗文化中占据着至关重要的地位。中国人的饮食往往附带独特的价值观,人们用美食寓意美好,用美食寄托希冀,用美食传达情感。风俗小吃背后更是流传着动人的故事,被赋予了吉祥如意的含义。接下来就让我们用舌尖去"品尝"民俗吧!

活动一:等粥过腊八

1. 欣赏《舌尖上的中国》中有关腊八粥的视频,导入课文《腊八粥》的学习,掌握生字词,把握课文内容,分清详略并体会详略安排的好处。

2. 品读沈从文细腻的笔触,关注对八儿的动作、语言、神态的描写,边读边想象,从盼粥、分粥、猜粥、看粥、喝粥的过程中感受主人公馋得可爱的形象特点以及内心活动的变化。由美味的腊八粥看到其乐融融的一家人,从温馨的氛围读出对家乡和亲情的眷恋,感受作家的妙笔生花,匠心独具。

3. 读一读文中细腻描写腊八粥的句子,体会拟人化语言的灵气。模仿课文第 1 自然段,写一种自己喜爱的食物,试着从口感、用料、香味等多角度出发,写出特点,表达喜爱之情。

活动二:美食大集锦

1. 聚焦自己家乡的特色传统美食,请教家人,自己动手做一做,将制作的过程用视频的形式记录下来。视频的结尾,请学生介绍自己制作的传统美食,可以是它的由来寓意,也可以是它和自己的故事。全班汇总并观看,看看谁做得最地道。

2. 收罗全国各地的传统美食,制作成美食小名片,在班级中传阅交流。结合《语文园地》中的"词句段运用"了解更多习俗的寓意,开开眼界,长长见识。

美食小名片

名称:_____

寓意:_____

相关传说:_____

任务三　读 典 溯 古 迹

学习情境： 诗词典故、神话传说是我国文学艺术的瑰宝。它们高雅的气质、神秘的色彩总令我们心驰神往。让我们坐上通往古代的时光机，和牛郎织女对话，与唐东杰布修桥，感知传统节日的风华，体验地方戏剧的魅力，唤醒我们的浪漫文化基因。

活动一：徜徉诗词天地

1. 视频播放寒食节的由来，引导进入课文《古诗三首》的学习，有感情地朗读古诗，背诵古诗。围绕传统节日的名称、风俗、相关人物三个方面把握古诗的意思。查找资料了解寒食节传蜡烛和牛郎织女的相关典故，加深对传统文化内涵的理解，体会诗人所表达的情感。结合《语文园地》的"书写提示"，以行楷的形式来书写三首古诗，写出古诗词的飘逸隽永、超然浪漫。

寒食节：通常在冬至后的第 105 天，过去在节日期间不能生火做饭，风俗为禁火、插柳、吃冷食等。

中秋节：农历八月十五，风俗为赏月、吃月饼、饮桂花酒等。

2. 班级中举办一次传统习俗主题的"飞花令"，以 6 人小组为单位进行比赛，要求在对上诗句之后，还需要讲出其中包含的传统节日或习俗和典故。一方面考查学生的古诗积累，另一方面帮助学生积累，促成主动扩大古诗词知识储备的良性循环。通过本次活动，加深学生对传统习俗的了解和对民风民俗的文化认同感，让学生了解并推广有意义的传统习俗。

活动二：探寻戏剧传奇

1. 欣赏藏戏表演的片段，学习课文《藏戏》，了解作者是从哪几个方面介绍藏戏的。明确藏戏的起源，感叹唐东杰布故事的传奇色彩。关注藏戏的特点——戴着面具演出，演出时没有舞台，连续演出时间长，借此感受独特的地域文化。

2. 组织一次家乡越剧小剧场，按小组布置任务，分为"介绍组""推荐组""表演组"，安排三个流程：对比藏戏和越剧的异同点，介绍越剧的演变历史；推荐经典曲目，并在课上组织欣赏精彩片段；选出有表演天赋或是有兴趣的组员，现学现唱。引导学生走近家乡的戏曲,多方感知传统戏曲文化的魅力,唤起了解乃至学习越剧的兴趣,种下传承人的种子。

任务四 我辈传风情

学习情境:"求木之长者,必固其根本;欲流之远者,必浚其泉源。"中华优秀传统文化是中华民族的精神命脉,是涵养社会主义核心价值观的重要源泉,也是我们在世界文化激荡中站稳脚跟的坚实根基。多姿多彩的民俗文化作为中华优秀传统文化的一部分,历久弥新,生生不息。我们少年儿童是祖国的未来,更要依靠自己的力量,凭借自己的方式,肩负起守护、传承民俗民风的使命和责任。

活动一:跟着大师学散文

课前组织学生上网查找相关资料,并结合学习经验,了解什么是散文。(散文是一种抒发作者真情实感、写作方式灵活的记叙类文学体裁。它的第一大特点是"形散神聚",题材广泛,写法多样,结构自由,不拘一格,但是同时中心集中,立意明确。第二大特点是"意境深邃",注重表现作者的生活感受,抒情性强,情感真挚。可以融情于景、寄情于事、寓情于物、托物言志,表达作者的真情实感。第三大特点是"语言优美",或清新明丽,生动活泼,或简洁质朴,自然流畅。)

请学生挑选本单元自己最喜欢的一篇散文,说说它的特点。

预设:

第一篇课文是著名语言大师老舍笔下的《北京的春节》。老舍的语言透露着独特的京韵,"零七八碎儿""杂拌儿""玩意儿""闲在"等词语充满了浓浓的生活气息。全文清新自然,就像是一位老北京人将家乡的春节习俗娓娓道来,俏皮又温馨。

沈从文先生的《腊八粥》写于1925年,是他从湘西来到北京的第三年,以乡间生活为背景,找寻了城市生活中无法拥有的童年乐趣、天伦之乐,充满了对湘西的回忆。通过主人公八儿的视角,借助其乐融融的腊八节家庭生活场景,展现了节日风俗,引起了读者的强烈共鸣。

《藏戏》的作者是马晨明,这是一篇集知识性、人文性、趣味性于一体的民俗散文。文章以"总—分—总"的结构进行描写,以三个反问句构成排比的形式开篇,令人心生好奇,引发读者的阅读兴趣。通过藏戏的形成及特点,呈现传统戏剧独特的艺术魅力和神秘的藏族文化。

同时结合《语文园地》"交流平台"的内容,找出这三篇散文的共同特点:详略得当,主次分明,能让读者清楚地找到作者想要表达的重点。此外,《北京的春节》中老北京人丰富的春节活动,《腊八粥》里八儿一家温馨可爱的过节场景,以及《藏戏》讲述的唐东杰布的传奇故事,都源自生活,贴近读者的日常,阅读起来令人感到亲切美好。

通过指导,学生要在学习中讨论总结,从大师的经典作品中汲取知识,博采众长,积累写好散文的经验,找到写好散文的小窍门:

(1)雅俗共赏。散文不只是高雅的艺术,也可以用上脍炙人口的语言,拉近与读者的距离。《北京的春节》开篇就有"腊七腊八,冻死寒鸦"的语句,瞬间带来了满满的烟火气息。

(2)真情流露。散文,尤其是叙事散文更应该注重个人内心情感的真实抒发和自然流露。《腊八粥》将腊八喝粥的民俗穿插在八儿的言行中,字里行间蕴含着对腊八粥的喜爱,更加传达了对家乡的怀念,对亲情的眷念,从而赋予了传统文化更深刻的内涵。唯有真情最动人,这是对学生写散文时最简单也是最难的要求。

(3)巧用修辞。用好修辞是让散文锦上添花的事情,本单元的散文中随处可见诸如比喻、夸张、拟人、反问、反复、排比等修辞手法,这会让文章变得更加灵动。

(4)有详有略。这是本单元阅读和习作的重点。做到有详有略,能增强文章内容的丰富性,也使读者更加容易抓住重点,突出中心。

活动二:家乡风俗我传承

1. 巩固口语交际的内容,四人小组内讨论除春节外,家乡其他传统节日的风俗,并派代表上台即兴发言。

在分享交流的基础上,学习习作"家乡的风俗",能在习作中介绍自己最感兴趣的风俗,或写一写自己参加一次风俗活动的经历。用上"跟着大师学散文"的学习活动所得,能根据表达的需要,抓住重点写,详略得当,借助修辞,写出生活气息,写出真情实感。完成后,与同学交流修改。

（1）介绍一种风俗：介绍几个方面—重点介绍什么—自己的实际体验

（2）介绍参加风俗活动的经历：活动现场的情况—自己的亲身感受

2. 学生在完成终稿之后，为自己的文章配上活动照片或是插图。汇集全班的作品，装订成一本《家乡风俗手册》，可在校内传阅宣传，唤起学生对传统节日和民风民俗的关注。

同时请学生将参与民俗活动过程中制作的民俗小吃或是民俗手工艺品带来学校，以本班教室为场地，开设一个小小的展览馆。大屏幕播放学生前期学校活动中拍摄的家乡传统美食的视频，沉浸式体验一次家乡民俗的展览会。

（二）教学建议

1. 立足教材文本，提升核心素养。全面把握语文教学的育人价值，突出文以载道、以文化人。引导学生在本单元任务群的学习过程中，树立正确的文化价值观，体会和传承中华优秀传统文化，了解民风民俗，体验民风民俗，热爱民风民俗，积淀深厚的文化底蕴，增强文化自信。

引导学生在掌握生字词、把握课文主要内容的基础上，分清内容的主次，明确详略安排及其效果，体会详写主要内容的好处。介绍并归纳三篇散文的特点，从文学大师们的作品中，学习语言表达的丰富性，学习灵活运用各种修辞，学会更动人地表达真情实感。

指导学生学以致用，在口语交际中能条理清晰地就某个主题即兴发言，在习作中能抓住重点，写出特点，写好家乡的风俗，真正地为传统文化、民风民俗的传承贡献力量，注入活力。

2. 紧扣情境主题，凸显语文实践。开展本单元学习任务群的教学，所有实践活动要紧扣"中华风俗游园会"的主题，根据各大学习任务，将所有学习活动一一落地。

"我的春节"即兴发言，讲究确有其事，分享家庭生活；"南北年俗图鉴"的绘制，要培养学生收集资料、归纳分类的能力；录制亲手制作民俗美食的视频，以及绘制传统美食小名片，并介绍其由来寓意，旨在增强学生在各种场合学语文、用语文的意识；行飞花令，是给学生一次展示古诗词积累的机会，在比赛的氛围中高频输出，高效吸收，促使学生接触更多古代的民风民俗；家乡越剧的小剧场表演，指导学生按小组完成"介绍—推荐—试演"系列活动，放手让学生自己去组织准备,锻炼团队合作的能力。最后的学习任务——我辈传风情,做宣传册,布置展览馆,将生活和社会实践搬到语文课堂中,拓展语文学习的空间。

3. 用好网络资源平台和信息技术。本单元学习活动实践中,支持学生开展自主、合作、探究性学习。引导学生利用互联网搜集活动资料,利用手机记录实践活动的过程,利用信息技术展示实践成果。关注学生的使用情况,提高使用效率。

4. 课时安排表如下:

任务	课时安排	学习活动	课时分配
南北拼年味	4	览老北京春节习俗	2 课时
		南北共除夕	1 课时
		辞旧迎新话新年	1 课时
舌尖品民俗	3	等粥过腊八	2 课时
		美食大集锦	1 课时
读典溯古迹	5	徜徉诗词天地	3 课时
		探寻戏剧传奇	2 课时
我辈传风情	3	跟着大师学散文	1 课时
		家乡风俗我传承	2 课时

第十四讲　漫游世界名著花园

——统编教材六年级下册第二单元"文学阅读与创意
表达"学习任务群设计

➡ 一、主题与内容

（一）主题的确立

统编教材六年级下册第二单元围绕"外国文学名著"编排，选编的三篇课文都是从长篇小说中节选出来的，分别是《鲁滨逊漂流记(节选)》《骑鹅旅行记(节选)》《汤姆·索亚历险记(节选)》。为了让学生爱上阅读，本单元还安排了以"漫游世界名著花园"为主题的"快乐读书吧"，旨在引导学生阅读名著，体验成长的欢乐和艰辛。根据学科核心素养和名著阅读的要求，设计了"布置世界名著长廊"这一核心学习任务。

一是从学科实践来看，本单元选编的三篇课文是"快乐读书吧"中要求学生阅读的长篇小说的节选，这就需要学生在课内习得阅读方法，在课外进行实践，实现在阅读中学会阅读的目标。因而在"布置世界名著长廊"学习任务的统领下，学生的阅读就有了方向性和实操性。

二是从能力进阶来看，在五年级，学生已学过阅读古典名著的方法，形成了一定的阅读能力。本单元引导学生"借助作品梗概，了解名著的主要内容"，并"就印象深刻的人物和情节交流感受"，从整体到局部，符合阅读规律。概括的能力，学生已养成，但梳理作品梗概对学生来说还较难，这更需要借助载体，融合课内和课外阅读，提升学生的阅读能力。

三是从学生成长来看，阅读是照见自己的过程。六年级学生的思维逐渐从形象思维向理性思维过渡，在阅读的过程中，鼓励学生结合自己的成长经历，对人物和情节表达自己的感受和体会，建构较全面的人物形象，从而观照自己的成长历程,将阅读与生活相融合。"布置世界名著长廊"恰为学生独特的阅读体验提供交流和表现的平台。

(二) 内容的归属

《义务教育语文课程标准(2022 年版)》首次提出了"学习任务群"的内容组织与呈现方式。在发展型学习任务群"文学阅读与创意表达"第三学段的学习内容中就明确指出:"阅读表现人与社会的优秀文学作品,走进广阔的文学艺术世界,学习品味作品语言、欣赏艺术形象,复述印象深刻的故事情节。""阅读反映少年成长的故事、小说、传记等,交流自己获得的启示;学习运用细节描写等文学表现手法,描述自己成长中的故事。"因此,"布置世界名著长廊"以"文学阅读与创意表达"学习任务群组织教学活动。

(三) 内容的组织

六年级下册第二单元选的课文都属于历险类成长小说,口语交际是"同读一本书",习作是"写作品梗概",这些都需要建立在阅读的基础之上。本单元安排的"快乐读书吧",既是学生阅读的内容,也是完成单元任务的学习载体。单元内部形成有机的整体,各板块之间高度关联,建构了丰富的学习系统,体现了学习的层次性和丰富性,也体现了"新课标"强调的学习内容的结构化,为学习任务群的实施提供了很好的内容组织范例。

▶ 二、目标与评价

序号	单元学习目标	单元学习评价
1	会认 15 个生字,会写 22 个词语;能借助作品梗概,了解名著的内容;就印象深刻的人物和情节交流感受,联结生活实际对人物作出简单的评价。	★ 能默写 22 个词语。 ★ 认识作品梗概,并根据作品梗概了解故事的大致内容。 ★ 能和伙伴就印象深刻的人物和情节交流自己的感受,绘制故事情节梯和人物心态图,并能就情节和人物发表自己的看法。

序号	单元学习目标	单元学习评价
2	能引用原文说明观点，使观点更有说服力；选择自己感兴趣的一本书写作品梗概，并与同伴分享自己写的梗概，根据反馈，及时修改，最后在名著长廊中展出。	★ 写好一本书的梗概，并和同伴交流写梗概的心得；聚焦一本书中的某个观点，能根据自己的阅读体会，联系原文，与同伴分享观点，态度大方，表达有理有据。 ★ 展示作品梗概，完善长廊展板。
3	能产生阅读世界名著的兴趣，自主制订阅读《鲁滨逊漂流记》《骑鹅旅行记》《汤姆·索亚历险记》的计划，了解作品的大致内容；能作读书笔记，并将自己的读书收获布置在阅读展板上。	★ 能制订自己的阅读计划。 ★ 根据自己的阅读经验，作好读书笔记。 ★ 梳理近段时间的阅读所得，布置世界名著长廊，并在和同伴合作完成任务的过程中，提炼相应的阅读方法和策略。

三、情境与任务

　　六年级的学生已掌握了一定的阅读方法，但依然需要围绕阅读主题创设阅读情境，让学生在真实的阅读氛围中，感受阅读的乐趣。这一单元的主题是"漫游世界名著花园"，因而，创设"布置世界名著长廊"这一核心学习任务，将内容、情境、方法、资源等要素整合在一起，有利于学生在阅读实践中提升语文核心素养。为完成这一核心任务，设计了四个具有进阶性的子任务，建构了主题统领下的学习任务群。

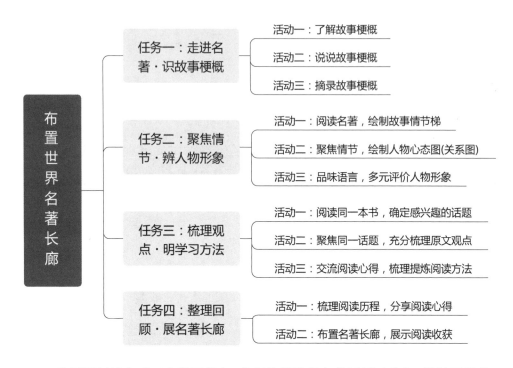

为了更好地完成三个学习任务,我们将情境任务作了活动分解,设计了结构化的活动链。

任务一:走进名著·识故事梗概。回顾五年级下册第二单元的阅读经历以及概括这一学习方法,激活学生原有的阅读经验,然后引导学生关注这一单元的阅读重点,从了解故事梗概、说说故事梗概到摘录故事梗概,让学生在观察、比较、讨论、实践中,发现故事梗概的特点,并以此了解名著的主要内容。

任务二:聚焦情节·辨人物形象。阅读名著,了解故事梗概,只知名著大意,还不能体会名著的魅力,还需品析重点,体会人物形象。因而,借助故事梗概梳理故事情节,然后聚焦学生感兴趣的情节,绘制人物关系图和人物心态变化图等,旨在让学生走进故事情境,辨析人物形象,感受阅读的乐趣。

任务三:梳理观点·明学习方法。从整体到局部,学生对名著有了一定的体悟,接下来需让学生关注感兴趣的话题,如概括主要内容、评价主人公、交流阅读感受等,组建学习小组,交流阅读心得,梳理提炼阅读方法,以此引导学生迁移阅读,联系生活思考,从而加深对整本书内容的理解。

任务四:整理回顾·展名著长廊。经过一段时间的阅读,学生或多或少有了自己的阅读收获,如撰写的故事梗概、绘制的人物关系图和情节梯、读书笔记等,通过回顾和整理,在"名著长廊"上展出,既完成了单元的核心学习任务,也借此进一步加强学生之间的交流分享,加深对名著的理解,激发学生阅读的内驱力。

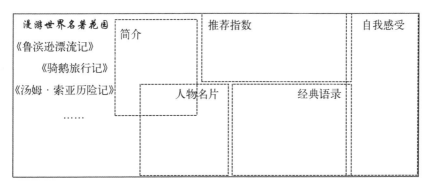

→ 四、活动与建议

(一) 活动设计

任务一　走进名著·识故事梗概

学习情境:最近,学校要进行校园文化布置,我们六年级接到的任务是在自己的班级走廊上布置名著长廊。怎么布置比较好呢? 请同学们各抒己见,出谋划策。(在学生讨论的基础上,出示"世界名著长廊"展板,激发学生参与的热情,制订阅读计划。)

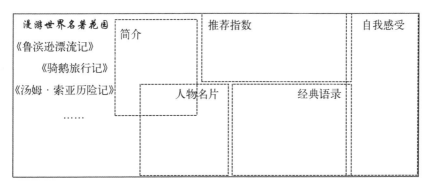

"世界名著长廊"展板

活动一:了解故事梗概

出示单元篇章页,让学生说说这一单元的学习重点,然后回顾五年级下册古典名著阅读的方法,在比较中明白本单元阅读的是外国名著。继而出示单元目录,让学生了解单元学习内容的安排及要阅读的书籍。最后开启单元学习——阅读《鲁滨逊漂流记(节选)》,了解故事梗概。

活动二:说说故事梗概

认识故事梗概之后,出示《鲁滨逊漂流记》整本书的目录,将梗概与目录进行比照,让学生进一步了解故事梗概的特点。接着学生阅读《骑鹅旅行记(节选)》,发现这一课没有故事梗概,只讲述了其中的一个片段。于是再出示《骑鹅旅行记》整本书的目录,请学生猜一猜故事梗概。最后呈现故事梗概,让学生读一读,谈谈从中了解了什么。

活动三:摘录故事梗概

读《汤姆·索亚历险记(节选)》,学生发现也没有故事梗概。学生从中明白,阅读名著既要了解故事梗概,更要关注精彩的章节。《汤姆·索亚历险记(节选)》能让我们了解什么呢?之后,同样出示整本书目录,让学生根据目录摘录故事梗概。最后出示整本书的故事梗概,让学生与自己摘录的进行比较,从而真正了解故事梗概的特点和作用。

"走进名著·识故事梗概"评价标准

评价内容	量化标准	评价主体
1. 认识故事梗概。	★★	学生、老师
2. 能借助故事梗概了解名著的主要内容。	★	学生
3. 能根据精彩片段和目录,说故事梗概。	★★★	学生、老师
4. 能制订好自己的阅读计划,自主阅读。	★★★	老师

任务二　聚焦情节·辨人物形象

学习情境: 前两节课我们认识了故事梗概,也制订了阅读计划。从这节课开始,我们就要按计划完成学习任务,布置"世界名著长廊"展板。先让我们绘制故事情节图和人物心态图(关系图)吧,聚焦名著情节和人物。

活动一：阅读名著，绘制故事情节梯

出示《鲁滨逊漂流记》《骑鹅旅行记》《汤姆·索亚历险记》三本书的目录和故事梗概，请学生结合自己阅读时留下的印象，选择其中一本书，绘制故事情节梯。然后让绘制同一本书故事情节梯的孩子就近组成阅读小组，进行讨论交流，绘制形式多样的情节梯。最后请小组上台在班级内分享，在分享的过程中了解三本书的精彩情节。

活动二：聚焦情节，绘制人物心态图（关系图）

在学生交流情节的基础上，请学生说说自己最感兴趣的情节，然后引导学生聚焦课文中选择的三个精彩片段。

《鲁滨逊漂流记（节选）》中选择的是鲁滨逊刚流落荒岛时，面对困境，作出的理性思考，据此让学生绘制鲁滨逊心态变化图，让学生说说对鲁滨逊这个人物的初步认识。然后联系整本书，思考：鲁滨逊在荒岛 28 年，一定也会面对许多困境，他又是怎样思考和选择的呢？以此布置阅读任务，继续绘制人物心态变化图。

《骑鹅旅行记（节选）》中的小男孩尼尔斯在变成小狐仙后，他的世界发生了怎样的变化？尼尔斯又发生了怎样的变化呢？让学生绘制尼尔斯这一人物的前后变化图，初步感受尼尔斯这一人物形象。而后出示整本书的目录，思考：尼尔斯还遇到了那么多意想不到的事，他又发生了怎样的变化呢？学生在绘制人物变化图的过程中，也就能感受到尼尔斯的成长。

《汤姆·索亚历险记（节选）》讲述的是汤姆和贝琪从迷路的山洞回到家后的故事，这部分结构清晰，但出现了许多人物，让学生绘制人物关系图，就能很好地把握节选的内容。然后聚焦汤姆，让学生说说汤姆给自己留下的印象。那么汤姆到底是个怎样的孩子呢？将学生的兴趣引向整本书阅读，布置任务，请学生为汤姆画一张成长图。

活动三：品味语言，多元评价人物形象

在学生绘制人物关系图（心态图），初步了解人物形象的基础上，聚焦精彩片段中的语言，比如《鲁滨逊漂流记（节选）》中好处和坏处的对比描写，《骑鹅旅行记（节选）》中尼尔斯与小动物之间的对话，《汤姆·索亚历险记（节选）》中汤姆与贝琪的对话。这些对话的语言描写都十分生动，课堂上要指导学生读好对话，并引导学生在课外阅读时,也要特别关注描写精彩的片段,从而多元评价人物形象。

"聚焦情节·辨人物形象"评价标准

评价内容	量化标准	评价主体
1. 能绘制故事情节梯,并和同伴一起交流修改。	★	学生
2. 能绘制人物关系图(心态图),并以此初步体会人物形象。	★ ★	学生、老师
3. 能聚焦精彩语言,多元评价人物形象。	★ ★ ★	学生、老师
4. 在课外能自主阅读,并继续完成"世界名著长廊"展板布置。	★ ★ ★	老师、家长

任务三　梳理观点·明学习方法

学习情境:同学们已基本读完了《鲁滨逊漂流记》《骑鹅旅行记》《汤姆·索亚历险记》三本书,老师再给大家布置一个任务,读完这三本书,有没有什么话题想和大家交流的? 比如关于内容、人物评价、阅读感受……这节课,我们就畅所欲言吧。

活动一:阅读同一本书,确定感兴趣的话题

在学生自主交流的基础上,教师提供更丰富的话题(历险、成长、友情、选择……)供学生讨论。然后小组合作,选择自己感兴趣的话题,结合名著原文,准备材料。

活动二:聚焦同一话题,充分梳理原文观点

在学生准备材料的基础上,再次组织学生讨论,思考:是否引用原文的内容来说明观点,使观点更有说服力? 在交流的过程中,是不是产生了新的想法? 比如发现三本书的相同点,或者由三本书还想到哪些书?

活动三:交流阅读心得,梳理提炼阅读方法

组织全班进行交流,交流时,认真听别人发言,准确理解别人的想法,分辨别人的观点是否有道理,讲的理由是否充分。在交流的基础上,提炼阅读方法,加深对整本书阅读的理解,从而真正提高学生的阅读能力。

"梳理观点·明学习方法"评价标准

评价内容	量化标准	评价主体
1. 能选择观点,围绕观点准备材料。	★	学生
2. 能引用原文说明观点,使观点更有说服力。	★ ★	学生、老师
3. 认真倾听,准确理解并判断别人的观点是否有道理,再吸收他人观点用于表达自己的观点。	★ ★ ★	学生、老师
4. 能提炼阅读方法,在课外能自主阅读。	★ ★ ★	老师、家长

任务四　整理回顾·展名著长廊

学习情境:同学们已基本将"世界名著长廊"展板布置好。接下来,让我们整理回顾自己的阅读经历,修改和完善我们的展板,让它变得更精美。

活动一:梳理阅读历程,分享阅读心得

借助展板,请同学们联系课内外阅读,回顾自己的阅读历程,分享自己的阅读心得,可以从阅读方法、阅读笔记、作品梗概等方面分享,尽量做到人人有话说,尤其重点指导学生作品梗概的写法。

活动二:布置名著长廊,展示阅读收获

修改和完善展板,集体布置班级"世界名著长廊"展板,然后借助展板,呈现这一阶段的学习成果,让学生在欣赏、比较、反思中,结合"交流平台",畅谈阅读收获,迁移阅读方法。

"整理回顾·展名著长廊"评价标准

评价内容	量化标准	评价主体
1. 能主动参与到展板的布置中去。	★ ★ ★	学生、老师
2. 能借助展板回顾自己的阅读经历,畅谈自己的阅读收获。	★ ★ ★	老师、学生

(二) 教学建议

1. 把握好适切度。三部作品都是外国文学名著,不同国家之间的文化差异会加大学生阅读理解的难度,教学时要给学生提供适当的背景资料,帮助学生更好地理解名著的内容,切不可过深挖掘名著的思想内涵,应将教学重点放在认识梗概和把握人物形象上。如果能联结学生自己的成长经历,说说成长中的烦恼和快乐,则更好。

2. 安排好课时数。任务一"走进名著·识故事梗概"2课时,任务二"聚焦情节·辨人物形象"4课时,任务三"梳理观点·明学习方法"2课时,任务四"整理回顾·展名著长廊"3课时。本单元包含"快乐读书吧",所以要注重单元整体统筹,合理安排,融合课内外阅读,建构学生健康的阅读生态,从一堂课的活动组织向日常阅读延展。教师要及时了解学生的阅读情况、任务完成情况等,并作相应指导,体现学习的过程性。

3. 注重兴趣激发。三篇课文与"快乐读书吧"高度关联,教学时,重在激发学生的阅读兴趣,引导学生运用多种方法阅读名著,尤其要根据三本书情节引人入胜的特点,采用猜一猜、辨一辨等方式,让学生参与到主动阅读的过程中来。还要紧紧结合"快乐读书吧",将学生的阅读兴趣引到课外,让学生真正感受外国文学名著的魅力。

第十五讲　古人的田园生活，有多小清新

——统编教材四年级下册"乡村田园古诗文"学习
任务群教学设计与实施

（一）主题的确立

乡村田园生活蕴含了我们中国人的生活情怀。统编教材四年级下册第一单元以"乡村田园生活"为主题，编选了《古诗词三首》。三首诗词均作于南宋时期，描绘的都是淳朴自然的田园风光。《四时田园杂兴（其二十五）》是范成大所作，描绘了初夏江南的田园风光。《宿新市徐公店》描写的是杨万里借宿客店时见到的乡村春日美景。《清平乐·村居》是辛弃疾所作，展现了悠闲的农家生活。

本学习任务群以统编教材"乡村田园生活"主题为学习点，以点带面，拓展、补充其他田园古诗文。在诗歌中，引导学生感受古人的山水田园生活，陶冶雅致的情操。根据教材的特点以及学生的学情，设计一个具有统领性的学习任务：制作一本《田园雅集》（电子版和纸质版）。

（二）内容的归属

四年级下册第一单元的语文要素是"抓住关键语句，初步体会课文表达的思想感情"。结合学生学习田园古诗文的特点，将落脚点定在"体悟重点诗句的意味，在反复诵读与融情想象中，感受田园古诗文的意境和表达的情感，得到心灵的熏陶和滋养"。围绕这一重点，将统编教材四年级下册第一单元的第一课《古诗词三首》作为"乡村田园生活"主题下的主体课文，补充学习同主题的古诗《乡村四月》《归园田居》《过山农家》《过故人庄》《游山西村》等，形成一个聚焦式的学习场。在这个学习场中，学生自主探究"体悟重点诗句的意味，感受田园古诗文的意境和表

达的情感",关注自己进入文本的路径,逐步走进"乡村田园生活"的情感世界。

（三）内容的组织

"乡村田园生活"学习任务群实则是对我国田园古诗文的一个系统学习。田园诗是我国古代诗歌的一个流派,它以反映田园生活、描绘山水景物为主要内容。在对不同年代、不同诗人、不同诗歌内容、不同描写手法的多角度品析中,学生对田园古诗文能有一个全方位的了解。

在学习任务"制作一本《田园雅集》(电子版和纸质版)"的统领下,引导学生运用一边读一边想象画面的图像化策略,抓住诗句中的关键词,联系上下文语境和生活,调用多种感官展开想象,感受乡村生活的美好。在引导学生感受的过程中,发展学生的语言和思维,不仅要引导他们体会情感,还可以鼓励他们描写心中的桃花源,让积极的思维活动伴随学生语文学习的始终,让他们成为积极而得法的阅读者和表达者。

在单科学习的基础上,进阶到跨学科学习。我们设计了"感劳作之美"的子活动。这项活动融合语文、戏剧、地理与生命科学的知识,由"了解农具用途、认识农作物、想象劳作情景"三个学习板块组成,引导学生以更广阔的视野观察和分析各种田园劳动现象,结合开放性思维,以科学的方法进行深入探究。

➡ 二、目标与评价

序号	单元学习目标	单元学习评价
1	能有感情地朗读古诗,能背诵和默写部分古诗。	★ 创设连接生活的情境,用诗歌朗诵会、拍摄朗诵视频和展示古诗书法作品等形式,评价学生朗读、背诵和默写的情况。(见附录 1)
2	能体会重点诗句的意味,感受田园古诗文的意境和表达的情感。	★ 以阅读活动驱动学生对语文要素的学习,通过将想象到的画面进行讲述、描写,考查语文要素的落实情况。(见附录 2)

序号	单元学习目标	单元学习评价
3	能联系语境,结合收集到的资料,了解古人田园生活中的景色、行为、情感。	★ 设计表现性评价量表,对学生搜集资料、处理信息、分析统整的能力进行精准评价,关注学生学习过程中表现出来的情感、态度、价值观。(见附录3)
4	能古为今用,借助表格提示,描写自己心目中喜欢、向往的桃源生活。	★ 依托习作评价表,对习作描写中的内容、描写方法两个重点方面进行评价,与单元习作目标相融合。(见附录4)
5	能采用适切的方法对制作的《田园雅集》进行展示和交流,分享学习的快乐。	★ 根据作品完成情况,评价学生制作《田园雅集》时表现出来的策划能力、团队合作能力、运用方法解决问题的能力。(见附录5)

附录1:

"田园诗会"朗诵评价表

班级:_____　　姓名:_____

评价标准		评价等级			
		优秀	良好	合格	还需努力
基础级	能正确地朗诵古诗,做到每个字读正确。				
	能流利地朗诵古诗,做到语言流畅,不卡壳。				
	能通过有感情地朗诵,把体会到的情感表达出来。				
挑战级	能配上合适、得体的肢体语言辅助朗诵。				
	朗诵效果好,能得到大家的认可。初步尝试在《田园雅集》中用二维码链接朗诵视频。				

"田园诗会"书法作品评价表

班级：_____　　姓名：_____

评价标准		评价等级			
		优秀	良好	合格	还需努力
基础级	能正确地书写古诗,做到每个字写正确。				
	能做到字迹清晰,行款整齐。				
挑战级	能结合古诗内容,给书法作品配上合适的插图。				

附录2：

"田园文艺学堂"阅读评价表

班级：_____　　姓名：_____

评价标准	自评	同伴评	老师评
能抓住关键词,联系上下文语境和生活,调用多种感官展开想象。	☆☆☆☆☆	☆☆☆☆☆	☆☆☆☆☆
能将想象到的画面清楚、准确地表达出来。	☆☆☆☆☆	☆☆☆☆☆	☆☆☆☆☆
能用书面语言将想象到的画面描写下来,与古诗表达的意思保持一致。	☆☆☆☆☆	☆☆☆☆☆	☆☆☆☆☆
总评	◆ 文字表述：_____ ◆ 共获得(　　)颗☆		

附录3：

"田园牧歌"表现性评价量表

班级：_____　　姓名：_____

评价标准	自评	同伴评	老师评	家长评
通过联系插图和注释、联系上下文、联系生活来理解古诗的意思。(20分)				

评价标准	自评	同伴评	老师评	家长评
抓住古诗中的典型景物,感受古诗中描绘的独特田园风光。(20分)				
结合查找到的资料,了解古诗中描写的农具、农作物。(20分)	.			
能边读边想象古诗中描绘的农人劳作的场景,感受幸福和谐的田园生活。(20分)				
通过抓住古诗中农家的待客情景,感受农人的热情、淳朴、精神愉悦。(20分)				
总分				

附录4:

"心植桃源梦"习作评价表

班级:_____　　姓名:_____

评价项目	内容		描写
评价要求	能把古诗中描写的田园生活迁移到自己梦想中的"桃源梦"里。	能借助表格提示,写清楚"桃源梦"中的景色和人们的活动。	能通过对"桃源梦"的描写,表达自己的喜欢和向往。
自评	✿✿✿✿✿	✿✿✿✿✿	✿✿✿✿✿
他评	✿✿✿✿✿	✿✿✿✿✿	✿✿✿✿✿
互评修改建议			

附录 5：

《田园雅集》制作评价表

班级：_____　　　团队成员姓名：_____

评价标准：

1. 《田园雅集》有很好的板块划分，板块清晰、明了。
　　自评　😊😊😊　　　　　　他评　😊😊😊

2. 作品主题鲜明，内容能选择典型的田园风光、农人劳作、安逸恬淡的生活等。
　　自评　😊😊😊　　　　　　他评　😊😊😊

3. 作品形式活泼，有新意，能体现学习团队的分工和智慧。
　　自评　😊😊😊　　　　　　他评　😊😊😊

4. 作品能在不同平台上进行展示，积极地与他人分享。
　　自评　😊😊😊　　　　　　他评　😊😊😊

团队负责人填写：

◇ 在制作《田园雅集》的过程中，我们遇到的困难：_____
_____

◆ 我们是这样解决的：_____
_____

➡ 三、情境与任务

　　以"乡村田园生活"为主题的学习任务群的学习，很重要的一步就是要努力丰富学生阅读古诗时的感受。乡村田园生活和景致，对于农村学生来说熟悉平常，但是古诗词用特殊的语言形式描写他们熟悉的生活，也需要注重调动他们的生活积累。这些内容对于城市中的学生来说会有些陌生，要从古诗词描写的内容中去体会平凡的乡村田园生活中的乐趣并不容易。因此设计的学习情境既要与主题相关联，又要能激发学生学习的兴趣。

　　本学习任务群的主任务是"制作一本《田园雅集》"。在学习的开端，就要抓住学生的心。可以展示从古至今一些文人雅士编写的《雅集》作品，以唤起学生的学习热情："同学们，古人雅致的生活传达出的诗意让我们心生向往。让我们来阅读古人写的田园古诗文,做一本独一无二的《田园雅集》吧!可以做成纸质书,也可以做成电子书。做好后,可以在不同的平台上与世界各地的人进行分享,传播我们的中国文化。"

围绕"制作一本《田园雅集》"这个大任务,设计三项子任务、七个学习活动,见下表:

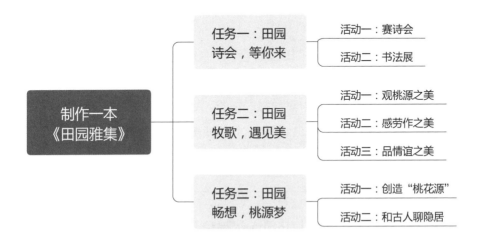

在"乡村田园生活"学习任务群的学习中,古诗词的学习可以以单篇带多篇,也可以把多篇按照不同的任务、不同的活动随意重组。

为了更聚焦、高品质地完成"制作一本《田园雅集》",将任务分成三个阶段,呈现层层递进、螺旋式上升。

任务一:田园诗会,等你来。学习的初级阶段,重在对田园诗的诵读和积累。在诵读和书写中,初步感受田园诗描写的内容。

任务二:田园牧歌,遇见美。学习进阶到对田园诗表达的情感的体悟上。"体悟重点诗句的意味,感受田园古诗文的意境和表达的情感",主要表现在三个方面:第一是对田园古诗文描写的典型景物的感受,第二是想象田园古诗文描写的农人劳作情况,第三是从诗人的角度来体会农家待客的淳朴风情。同样,三个方面也是呈递进的学习态势。

任务三:田园畅想,桃源梦。学习进阶到对古诗的理解运用上。通过设计自己心目中的桃花源和开展辩论"要不要学古人归隐田园",从田园古诗文的内容和情感表达两个维度,引导学生迁移运用,形成解释,作出评价,提升能力。

（一）活动设计

任务一　田园诗会，等你来（2 课时）

学习情境：田园诗是一扇窗。打开窗户，从中望去，有静谧的山林，有悠闲的田野，有农人的耕作，有"把酒话桑麻"的恬淡美好。让我们在校园的大树下读诗、写诗。

♫♫♩ "田园诗会"邀请函 ♫♪♪

　　一首田园诗，一道独特的风景，一个纯朴的乡村，一幅和谐的画卷。阳春三月，我们发起田园诗会，邀请你来读诗、写诗。

时间：3 月 12 日

地点：学校操场的大香樟树下

参与人员：四年级 X 班学生

校园田园诗会组委会

活动一：赛诗会（1 课时）

1. 赛诗会前：学生朗读《四时田园杂兴（其二十五）》《宿新市徐公店》《清平乐·村居》《乡村四月》《归园田居》《过山农家》《过故人庄》《游山西村》，熟读成诵。

2. 赛诗会中：学生自主选择田园诗进行朗诵。朗诵时，配上得体的肢体语言和背景音乐。可以是个人表演，也可以是双人或者团队表演。朗诵后进行评价。

"田园诗会"节目单	
第一篇章：恬静的村庄	《四时田园杂兴(其二十五)》《宿新市徐公店》《乡村四月》
第二篇章：大地情怀	《归园田居》《清平乐·村居》
第三篇章：主客情深	《过山农家》《过故人庄》《游山西村》

3.赛诗会后：为朗诵中表现优异的同学录制朗诵视频,为之后在《田园雅集》中用二维码进行存储做好准备。同时,鼓励学生将朗诵视频发布在网络平台上,与别人分享。

活动二：书法展(1课时)

1.我来晒：引导学生将田园诗以书法作品的形式在班级里进行展示。可以是纯书法作品,也可以有适当的配图。书法作品纸质和电子版皆可。

2.我来选：动员全体学生参与优秀书法作品的"TOP10"投票。入围的作品可以写上点评语,入选《田园雅集》,使《田园雅集》成为一本好读、好看、好听的手作书。

任务二 田园牧歌,遇见美(6课时)

学习情境：在田园诗中,古人把细腻的笔触投向静谧的乡村、悠闲的田野和安逸恬淡的生活。这些诗中传达出的田园牧歌生活,让人心生向往,不由得感叹岁月静好。让我们走进诗中的"世外桃源",看看古人的田园生活有多小清新。

活动一：观桃源之美(3课时)

1.寻色彩。阅读一组田园古诗文,探寻诗人笔下景物的淡雅之美。

以《四时田园杂兴(其二十五)》为例：

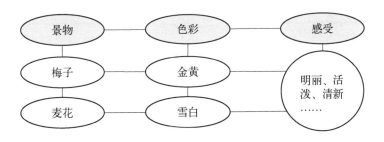

2. 探形态。同样,继续采用群组阅读,探寻诗人笔下典型的田园景物。引导学生与生活中见到的城市景物进行对比,从而感受乡村田园景物在形态上的特点。

古诗	诗句	形态特点
《宿新市徐公店》	篱落疏疏一径深	篱笆稀疏;乡间小路曲折悠长
	树头新绿未成阴	树木的枝叶稀疏
	飞入菜花无处寻	菜花金灿灿而茂盛
《过山农家》	板桥人渡泉声	泉水叮咚
	茅檐日午鸡鸣	公鸡啼叫

我的发现:
1. 《宿新市徐公店》一诗中,诗人笔调明快,在对远景与近景的描写中,给人一种悠远宁静之感。
2. 《过山农家》中,用公鸡的啼叫打破山村的寂静,以动衬静的手法让人感受到山村的幽静。

3. 品童趣。阅读田园古诗文,思考:诗中描写了儿童哪些有趣的活动? 你从中感受到了什么?

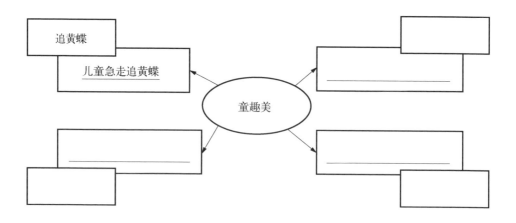

活动二：感劳作之美(2课时)

1. 了解农具用途：田园古诗文中有很多写到了传统的农具，查阅资料，了解农具的外形和用途，感受其背后凝聚的劳动人民的智慧。

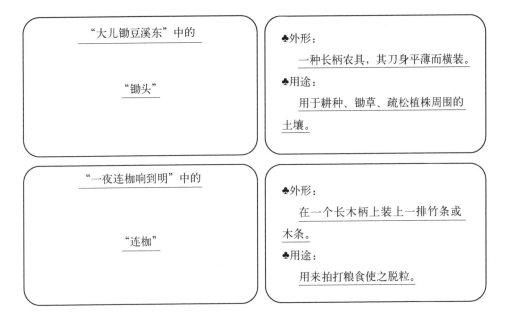

2. 认识农作物：有些田园古诗文中会写到农作物，这些农作物究竟是什么样的呢？让我们查阅资料，认识古诗文中的农作物。

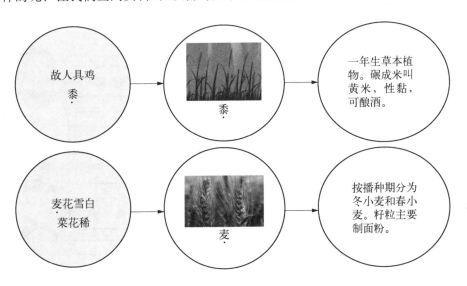

3. 想象劳作情景：阅读田园古诗文，抓住关键词，说说你的眼前浮现出了怎样的劳作情景。

以《四时田园杂兴（其三十一）》为例：

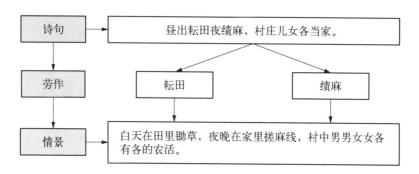

班级里可以布置劳作的场景或者带学生参与课外劳动实践基地的活动，体验古诗中相关的劳动，可以引导学生学学古人劳作时的劳动号子、劳作歌曲。

活动三：品情谊之美（1课时）

我来演：阅读田园古诗文，了解大意。和同伴合作，挑选感兴趣的古诗，把农家招待客人的情景演一演。可以将古诗改编成表演剧本，创编好主客之间的对话。

以《过故人庄》为例：

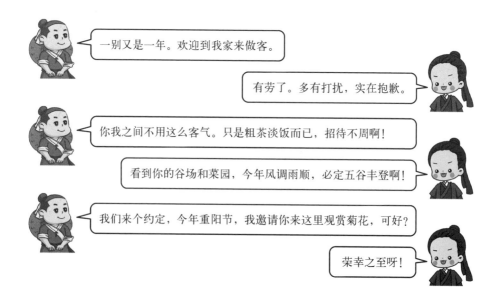

任务三　田园畅想，桃源梦（2 课时）

学习情境："采菊东篱下，悠然见南山。"古人笔下的田园生活，是那么优雅、纯洁、宁静、美好，仿佛是这个喧闹世界中的一股凉风。如此小清新的田园生活，多么令人向往啊！让我们也来描绘自己心中的那个"世外桃源"。

活动一：创造"桃花源"（1 课时）

1. 匠心设计：如果你有一片乡间的土地，你将如何来设计你的"桃花源"呢？

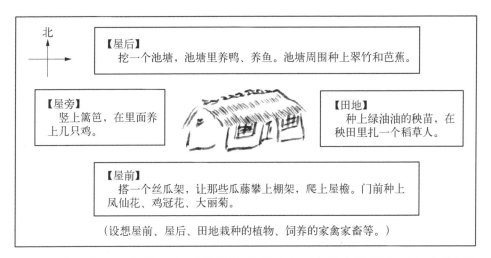

（设想屋前、屋后、田地栽种的植物、饲养的家禽家畜等。）

2. 真心表达。在前一个环节设计的基础上，请学生描写自己心中的"桃源梦"。

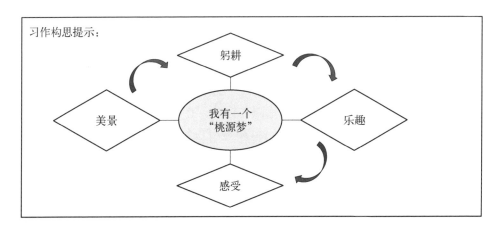

活动二：和古人聊隐居(1课时)

我来辩：田园生活令我们向往。那么,身处喧嚣世界里的我们,要不要学古人归隐田园呢? 结合自己的阅读和生活经验,展开辩论。可以将辩论中的内容整理成文字稿,成为《田园雅集》的一部分。

【正方】我们要学古人归隐田园

观点:

1. 土地是我们的根。归隐田园就是把根留住。

2. 现代社会,人们的工作压力特别大,归隐田园可以让人放松心情,陶冶情操。

......

【反方】我们不要学古人归隐田园

观点:

1. 热爱土地并不一定要归隐。乡村生活与城市比起来有诸多不便。

2. 现代社会需要我们积极面对种种问题,归隐田园只是对问题的逃避。

......

(二)教学建议

1. 古诗文积累与梳理。在本学习任务群中,既有诗,又有词。诗和词在理解大意、想象情境等方面是相通的。学生在这之前已有了学习古诗的方法,在此鼓励学生用以前学过的方法自主阅读。抓住田园古诗文中不同景物的特征展开联想,想象画面,体会乡村生活的乐趣。在学生展开想象、理解诗文后,引导学生在不同形式的朗诵中积累古诗。

2. 单元课时整体安排建议。本学习任务群共 10 课时,其中,任务一"田园诗会,等你来"2 课时,任务二"田园牧歌,遇见美"6 课时,任务三"田园畅想,桃源梦"2 课时。

3. 单元任务群学习策略。(1)群组诗文阅读策略。具身认知理论强调学生认知的发展很大程度上依赖其亲身感知与体验。在本学习任务群的学习中,学生在主题活动中,自主选择阅读文本,合作学习,探究反思,以学生的"学"为主体,改进教学方式。(2)延伸策略。以往的古诗学习都是以了解诗意为主,本学习任务群在此基础上进行突破,伴随田园诗内容的阅读,学生的联想自然产生。引导学生设计心中的"桃花源",辩论"要不要学古人归隐田园",聚焦问题的解决,促进学生思维力的提升。(3)读写结合策略。学生通过阅读吸收田园组诗中的养料,用描写心中的"桃花源"来表达自己的思想感悟和情感体验。这种对所获感悟的创造性迁移运用,最终形成良性循环。(4)图像化策略。引导学生抓住诗句中的关键词,边读边想象画面,将想象到的画面具象化,依托表格支架、思维导图支架来提升具象化的品质。我们设计了体验田园古诗文中色彩描写的支架、儿童嬉戏图支架、农人劳作梳理支架,将学习内容与学习方法完美融合。(5)链接生活运用的策略。博古通今,古为今用,在学习任务群的学习中,我们注重对学生迁移能力的培养。"制作一本《田园雅集》"就是一个与生活链接的主任务,它联结学生的学习生活和现实生活,处处穿插语文实践。(6)多元评价策略。评价贯穿学习任务群的始终,通过开展多元化的评价,如"田园诗会"朗诵评价、"田园文艺学堂"阅读评价、"田园牧歌"表现性评价、"心植桃源梦"习作评价、《田园雅集》制作评价,引导学生进行自我评价与相互评价,深化阅读体验,促进批判性思维和创造性思维的发展。

(三)学习成果建议

《田园雅集》编辑参考:

一本书一般由封面、序言、目录、内文、封底组成。可以做成纸质线装书,也可以做成电子书。

《田园雅集》封面	序言 说明书的内容、做书的经过、书的特点。	目录 围绕"乡村田园生活"设计板块的题目。	内文 将内容分类:田园诗展示、桃花源设计、辩论实录等。	封底 可以邀请老师、家长为雅集题词,写推荐语。

其中,田园古诗展示部分又可以分为美景篇、农具篇、农作物篇、劳作篇、做客篇等。从多角度引领读者体验田园古诗文的特点,感受古人的雅趣。

第十六讲　洞察古代儿童的智慧

——统编教材五年级下册文言文学习任务群教学设计与实施

> **一、主题与内容**

（一）主题的确立

《义务教育语文课程标准（2022年版）》指出："义务教育语文课程内容主要以学习任务群组织与呈现。"小学文言文教学该如何以学习任务群来组织实施？全面解读统编教材三至六年级的14篇文言文，将教材中的文言文进行梳理分类，统整成不同主题的学习内容进行教学，可提高文言文教学的有效性。比如，教材中编排最多的是儿童故事类的文言文，如《司马光》《王戎不取道旁李》《杨氏之子》《两小儿辩日》，把这些文言文统整为一个主题，设计一个具有统领性的学习任务：洞察古代儿童的智慧。

（二）内容的归属

文言文承载着厚重的中华文化，是中华优秀传统文化的精髓。文言文能帮助学生了解中华文化的丰厚底蕴，汲取传统文化的智慧，增强文化自信，促进学生语文核心素养的发展。选编的四篇文言文《司马光》《王戎不取道旁李》《杨氏之子》和《两小儿辩日》，将带领学生走近古代少年儿童，了解故事主要内容，揣摩人物的思维过程，感受人物的精神品质，并产生阅读文言文的兴趣。因此，本单元以"文学阅读与创意表达"学习任务群组织教学活动。

（三）内容的组织

统编教材中的文言文分散在三至六年级，如果一课一课地教，不关注文言文之间的联系,不关注学生的学习起点,势必会影响文言文教学的效率。而主题统领下的文言文教学,就是把同类课文放到一个主题中,在学习内容的组织上,将采用变序、重组等策略(详见第三部分"任务框架"里的说明),实现学习任务群的有效推进。

→ 二、目标与评价

序号	单元学习目标	单元学习评价
1	通过单元课文的学习,认识 11 个生字,会写 19 个字。能正确、流利地朗读课文。背诵课文。	★ 创设词汇情境,考查学生字词掌握情况;采用学生互评、教师评等方式,从字音准确、语速恰当、停顿正确三个方面检测学生的朗读和背诵情况。
2	采用借助注释和插图、联系上下文、联结生活等方式,疏通文意,了解故事的主要内容,积累文言文语言经验。	★ 能自主运用学过的阅读文言文的方法理解词语的意思,读懂故事的大意。
3	通过读一读、讲一讲、演一演等方式,走进人物的内心,感受人物的品质,激发学生学习文言文的兴趣和对传统文化的喜爱之情。	★ 设计三级水平评价量表,考查学生对文本的理解能力以及复述故事的能力。(见附录1和附录2)
4	能选择一个自己喜欢的古代儿童人物,围绕"我和_____过一天"展开想象,写一个故事。	★ 能根据评价清单,从"语句通顺、想象丰富、表达清楚"三个方面评价习作,修改习作。(见附录3)

附录1：

"复述故事"三级水平评价标准

评价项目	一级水平	二级水平	三级水平
故事内容	结合文中的注释和插图，用自己的话把故事的大致内容讲清楚。	结合文中的注释和插图，用自己的话把故事讲完整、讲清楚。	结合文中的注释和插图，揣摩人物内心，想象人物说的话，故事讲述生动。
语言表达	使用普通话，口齿比较清晰，表达不够流畅。	使用普通话，口齿比较清晰，表达比较流畅。	使用普通话，口齿清晰，表达自然流畅，配有适当的动作手势，富有吸引力。
仪表体态	体态不够自然，仪态不够大方，感情不够充沛。	体态比较自然，感情比较充沛。	体态自然，仪态大方，感情充沛，精神饱满。

"复述故事"三级水平评价表

第（　　）小组　　姓名：

评价项目	自评	小组评	教师评	家长评
故事内容	☆☆☆	☆☆☆	☆☆☆	☆☆☆
语言表达	☆☆☆	☆☆☆	☆☆☆	☆☆☆
仪表体态	☆☆☆	☆☆☆	☆☆☆	☆☆☆

附录2：

"课本剧表演"三级水平评价标准

评价项目	一级水平	二级水平	三级水平
表演内容	课本剧编排欠合理，故事表演不够完整，不能表现人物特点。	课本剧编排比较合理，故事表演比较完整，基本能表现人物特点。	课本剧编排合理，故事表演完整、生动，能表现人物特点。
语言表达	普通话标准，语言不够流畅，语气语调不太符合人物性格，感情流露不够自然。	普通话标准，语言比较流畅，语气语调比较符合人物性格，感情流露比较自然。	普通话标准，语言流畅，语气语调符合人物性格，感情流露自然得体。

评价项目	一级水平	二级水平	三级水平
舞台效果	演员之间配合不够默契，表演不够自然，缺乏感染力。	演员之间配合比较默契，表演比较自然，观众反响较好。	演员之间配合默契，表演自然，有感染力，观众反响好。

"课本剧表演"三级水平评价表

第（　　）小组　　姓名：

评价项目	自评	小组评	教师评
表演内容	☆☆☆	☆☆☆	☆☆☆
语言表达	☆☆☆	☆☆☆	☆☆☆
舞台效果	☆☆☆	☆☆☆	☆☆☆

附录3：

习作评价表

第（　　）小组　　姓名：

评价项目	自评	小组评	教师评
语句通顺	☆☆☆	☆☆☆	☆☆☆
想象丰富	☆☆☆	☆☆☆	☆☆☆
表达清楚	☆☆☆	☆☆☆	☆☆☆

三、情境与任务

　　本单元学习任务群的设计，首先要提炼一个学习主题，以此创设文言文学习的任务情境，开展实践活动，引领学生感受文学之美，促进学生思维的发展。基于五年级学生的认知特点，结合文言文的特征，设计统领整个学习任务群的大情境——洞察古代儿童的智慧。以此情境为载体串起整个单元的学习,将原本零散的教学变成整体学习,变被动为主动,发挥学生的主体性,在实践活动中发展学生的核心素养。

　　围绕"洞察古代儿童的智慧"这个大任务情境,整合四项子任务、八个学习活动进行学习:

　　上述任务框架中,采用变序的手法,调整统编教材内容的教学次序,将三年级上册《司马光》、四年级上册《王戎不取道旁李》、五年级下册《杨氏之子》、六年级下册《两小儿辩日》四篇文言文统整到五年级下册教材中,按照"洞察古代儿童的智慧"这一主题情境进行重组,同时将四年级上册第八单元口语交际"讲历史人物故事"等,穿插在文言文教学中,打破单篇课文按序教学的模式,拓展文言文资源,形成结构合理、相互联系、彼此促进的学习任务群学习模式(见下表),提高文言文教学的有效性。

统编教材五年级下册文言文单元教学内容重组一览表

学习任务	主要教学活动	教学内容重组
和司马光一起 动脑筋	活动一:比比谁的朗读好	★《司马光》 ★ 三年级下册第八单元《语文园地》中的 "交流平台":复述故事的方法
	活动二:比比谁的办法好	

学习任务	主要教学活动	教学内容重组
像王戎一样观察思考	活动一：当王戎代言人	★《王戎不取道旁李》 ★ 四年级上册《西门豹治邺》课后选做题：将课文改编成剧本
	活动二：做经典传承人	
跟杨氏之子学习表达	活动一：和杨氏之子对话	★《杨氏之子》 ★ 五年级下册第八单元《语文园地》中的"交流平台"：利用姓氏的特点做文章
	活动二：趣味故事演一演	
与两小儿一同思辨	活动一：亮一亮观点	★《两小儿辩日》 ★ 六年级下册第五单元《语文园地》中的"词句段运用"：借助文言文里学过的字的意思，推想词语的意思 ★ 拓展阅读《徐孺子赏月》《王蓝田食鸡子》和《晏子春秋》（节选） ★ 习作：我和_____过一天
	活动二：有理有据地辩论	

四、活动与建议

（一）活动设计

任务一　和司马光一起动脑筋

活动一：比比谁的朗读好

1. 读通课文，了解大意。引导学生利用借助注释和插图等方式，理解词语的意思。如"迸"，可让学生观察插图，再看注释，体会"涌出"的意味。在疏通文意之后，再次让学生跟着教师读课文，读出节奏。

2. 朗读小竞赛。在个人读的基础上，开展小组朗读竞赛，重点关注读好文言文的停顿。

活动二：比比谁的办法好

1. 对比中感悟人物品质。首先对比司马光和其他孩子在危机面前的不同表现，接着让学生联系生活，展开思辨：如果你在现场，会用什么办法来搭救落水的孩子？

2. 展开想象讲故事。引导学生借助注释和情节图，揣摩司马光的内心，想象司马光说的话，用自己的话讲故事。结合"复述故事"三级水平评价表进行评价，提升学生的复述能力。

任务二　像王戎一样观察思考

活动一：当王戎代言人

1. 朗读课文。读通课文，交流学习文言文的方法，了解故事的大意。

2. 画一幅情节图。以四人小组合作的形式，引导学生借助关键词，填写情节图，梳理整篇故事的脉络，也为表演故事搭建学习支架。

活动二：做经典传承人

1. 对比阅读，关注表达。对比出示《司马光》《王戎不取道旁李》，引导学生发现两篇写人叙事的小古文在表现人物特点上的共同写法。

2. 做一回演员。引导学生抓住人物的动作，想象人物说的话，以小组形式进行表演，运用"课本剧表演"三级水平评价表进行评价，从中感受王戎善于思考，并能进行推断和辨析的特点。

任务三　跟杨氏之子学习表达

活动一：和杨氏之子对话

1. 联结经验，读出韵味。读好难读长句子的停顿是本课朗读指导的重点，如"孔指以示儿曰：'此是君家果。'"，朗读时在人物和事件之间停顿。借助相关作业练习，让学生在语境中辨析如何停顿，降低学习难度，缩短教学路径。

2. 聊一聊多样的人称。通过找一找文中"杨氏之子"和"孔君平"两个人物多样的人称，引导学生发现、归纳文言文中常见的指代人物的方法，感受文言文简洁凝练、含蓄典雅的语言风格。

活动二：趣味故事演一演

1. 品一品巧妙的回答。紧扣文中人物的对话和动作，通过朗读、理解、品味、揣摩、想象等方法，感受人物言语中彰显的智慧。

2. 学一学言语的智慧。通过创设交际情境"孔君平路遇杨氏"，模拟真实的生活场景，在语境中进一步感受语言的艺术魅力。

任务四　与两小儿一同思辨

活动一：亮一亮观点

1. 朗读课文，了解大意。通过独立预习、小组交流、师生讨论等方式，帮助学生依靠自己的学习经验，理解课文内容。

2. 填写导图，明确观点。通过思维导图的形式，帮助学生整理从文中提取的相关信息，找到各自的理由和观点，从而梳理出两小儿分别是怎样证明自己的观点的。

3. 情境模拟，体验"辩斗"。学生通过扮演文中的两小儿，模仿人物的语言和动作，学着小儿的样子争辩，在角色朗读、具身体验中，感受两个孩子在对话中所反映出来的品性：在生活中都是爱观察会思考的孩子，说话自信，且有理有据。

活动二：有理有据地辩论

1. 角色代入，辩证思考。首先，引导学生站在孔子的角度，评价两小儿的观点，在交流中进一步领悟：同一件事，站在不同的角度看，得出的结论可能是不一致的。

2. 拓展阅读《徐孺子赏月》《王蓝田食鸡子》和《晏子春秋》节选，迁移运用文言文学习方法。

任务拓展一　交　流　平　台

师：学习了本单元，你学到了哪些阅读文言文的方法？哪些故事和人物给你留下了深刻的印象？你学习的最大收获是什么？请与同学一起交流。

★ 本单元的文言文很有特点,不仅内容有意思,而且人物形象鲜明,充满智慧。

★ 借助注释和插图,联系生活经验,可以帮我们理解词语的意思,读懂文言文。

★ 抓住人物的动作、语言、神态,体会人物的内心,了解人物的思维过程,可以加深对课文内容的理解。

★ 杨氏之子和孔君平的对话,利用姓氏的特点做文章,你来我往,真是巧妙。

任务拓展二　口　语　交　际

讲历史人物故事

在班里举办一次故事会,从读过的文言文中选择一个喜欢的历史人物,把他的故事讲给同学听。用上小贴士"用卡片提示讲述内容""使用恰当的语气和肢体语言"的提示,让故事的讲述更生动。

任务拓展三　习　　　作

我和_____过一天

师:我们已经读了不少文言文,里面的古代少年儿童令人印象深刻,如遇事冷静、聪明机智的司马光,善于观察思考的王戎,机智聪慧的杨氏之子,才思敏捷的徐孺子,能言善辩的两小儿等。你了解他们吗? 喜欢他们吗? 你还喜欢哪些人物?

如果有机会和他们中的某一位过上一天,你会选择谁? 你们会在哪里相遇? 会做些什么? 会发生怎样的故事呢?

把你的想法和小组同学说一说,再写下来。写完后,小组内互相评一评,再认真修改。

(二) 教学建议

1. 关注语文要素的有效落实。本单元文言文以"洞察古代儿童的智慧"

为主题,语文要素是"运用多种方法,理解词语的意思,读懂文言文""通过课文中语言、动作、神态的描写,体会人物的内心,了解人物的思维过程"。教学中,首先要把握要素内涵,有序推进教学过程。比如,第一条语文要素的实施,可以先通过学习《司马光》,让学生初步习得"借助注释和插图,联系生活经验"读懂文言文的方法,然后在《王戎不取道旁李》一课中,让学生尝试运用这样的方法,理解词语的意思,读懂文言文。在《杨氏之子》和《两小儿辩日》的教学中,可以引导学生自主实践,运用多种方法读懂文言文,了解故事的主要内容。这样的教学体现了一定的层次性,符合学生的认知规律,有助于学生克服学习文言文的畏惧心理。其次,注重语文实践,亲历过程,习得语文要素。语文要素的学习要融入实践活动中,摒弃贴标签式、罗列概念式地教语文要素。比如第二条语文要素的实施,以学习任务"与两小儿一同思辨"为例,在学习活动"亮一亮观点"板块,在学生了解了故事大意后,可以分两步开展教学:第一步,填写导图,明确观点。通过思维导图的形式,帮助学生整理从文中提取的相关信息,找到各自的理由和观点,从而梳理出两小儿分别是怎样证明自己的观点的。第二步,情景再现,体验"辩斗"。学生通过扮演文中的两小儿,模仿人物的语言和动作,学着小儿的样子争辩,在角色朗读、具身体验中,感受两个孩子的品性。这样的学习活动,让学生自主实践,过程展开充分,在落实语文要素的过程中,促进学生思维的发展。

2. 把握学习内容的多向关联。文言文学习任务群的实施要关注学生学习的起点,加强学习内容间的联系,进行有效的学习关联。首先,注重学习任务的关联。本单元的大任务是"洞察古代儿童的智慧",每项子任务都是围绕这一主题来设计的。"和司马光一起动脑筋""像王戎一样观察思考""跟杨氏之子学习表达""与两小儿一同思辨"都聚焦古代儿童的智慧,子任务下的每项实践活动都要依照单元语文要素来展开,前后关联,相互促进。比如,任务一的其中一项实践活动是"展开想象讲故事",要求学生抓住司马光的动作,揣摩司马光的内心,想象司马光说的话,用自己的话讲故事。这为本单元的口语交际"讲历史人物故事"作了铺垫,教学时可以进行关联,指导学生运用两条小贴士"用卡片提示讲述内容""使用恰当的语气和肢体语言"讲述故事,提升学生的表达能力。其次,关注学习方法的关联。比较阅读是本单元教学中一种常用的学习方法。比如,

《司马光》的教学活动中有一项实践活动是"对比中感悟人物品质"，通过对比司马光和其他孩子在危机面前的不同表现，感受司马光的沉着冷静和聪明机智。在《王戎不取道旁李》的教学中，可以进行学习方法的关联和迁移，对比阅读《司马光》和《王戎不取道旁李》，引导学生发现两篇写人叙事的小古文在表现人物特点上的共同写法，在比较阅读中发现课文表达上的秘妙。

3. 体现教、学、评的一致性。评价是学习任务群的重要组成部分，教学中要重视过程性评价，关注学生在学习过程中表现出来的学习态度、参与程度和能力发展水平，发挥评价的导向作用。首先要用好评价工具，以评促教，以评促学。本单元安排了"展开想象讲故事""做一回演员""口语交际：讲历史人物故事"等学习任务，如何评价学生的素养水平？本单元设计了"复述故事"三级水平评价表、"课本剧表演"三级水平评价表，教师要利用评价工具发现学生在讲故事、课本剧表演中的特点和问题，提出指导性的建议，促进学生反思学习过程，改进学习方法。同时，根据评价结果优化教学内容，调整教学策略，提高教学效率。其次要重视增值评价，关注学生个体的进步幅度。三级水平评价表的设计，尊重学生之间的差异，从不同层级拟定评价标准，将原本模糊的评价指标清晰化，凸显层次性，让学生对自己在学习过程中表现出的学习态度、习惯、情感和素养水平有清醒的认知，同时明确了后续努力和进步的方向。

图书在版编目（CIP）数据

文学阅读与创意表达 / 吴忠豪，薛法根主编. — 上
海：上海教育出版社，2023.11
（小学语文学习任务群课例设计丛书）
ISBN 978-7-5720-2302-6

Ⅰ.①文… Ⅱ.①吴…②薛… Ⅲ.①阅读课 – 教案
(教育) – 小学 Ⅳ.①G623.232

中国国家版本馆CIP数据核字(2023)第225540号

责任编辑　马佳希　方　晨
封面设计　陆　弦

小学语文学习任务群课例设计丛书
文学阅读与创意表达
吴忠豪　薛法根　主编

出版发行　上海教育出版社有限公司
官　　网　www.seph.com.cn
地　　址　上海市闵行区号景路159弄C座
邮　　编　201101
印　　刷　上海展强印刷有限公司
开　　本　700×1000　1/16　印张 13
字　　数　205 千字
版　　次　2024年1月第1版
印　　次　2025年3月第4次印刷
书　　号　ISBN 978-7-5720-2302-6/G·2041
定　　价　68.00 元

如发现质量问题，读者可向本社调换　电话：021-64373213